KB269432

일본어회화 기초

저자 권승림 · 오미영

제이앤씨
Publishing Corporation

일본어회화 기초

　숭실대학교에서 <생활일본어>라는 이름으로 일본어 기초 회화 교양 과목을 시작한지도 10년 이상의 세월이 흘렀습니다. 그간 많은 학생들이 <생활일본어> 과목을 통해 일본어 회화의 기초를 닦았습니다. 10년 전에 비해 일반적으로는 일본어 학습 열기가 줄었음에도 불구하고 우리 숭실대학교에서는 여전히 그 열기가 식지 않고 이어지고 있는 점, 대단히 기쁘고 감사하게 생각합니다.

　이번 연도에 <일본어회화기초>로 과목명이 변경됨에 따라 기존의 교재를 수정하고 가필하여 본 교재를 새로 간행하게 되었습니다.

　언어 학습을 통해 우리는, 그 언어를 사용하는 사람들의 정서와 문화, 가치관과 생활양식 등을 자연스럽게 익혀 나가게 됩니다. 타인의 생각과 가치관을 이해할 때 올바른 소통을 할 수 있는 것처럼, 일본어 학습을 통해 세계인으로서 일본인과 소통해 나가는 바탕을 마련하게 될 것입니다. 이는 나아가 세계와 소통하는 밑거름이 되는 것입니다.

　우리 숭실대학교가 앞으로도 변함없이 일본어 학습의 전당이 되기를 바랍니다.

2016년 4월 5일

권 승림 · 오 미영

일본어 글자와 발음

　일본어를 쓰는 데는 한자(漢字・かんじ), 히라가나(平仮名・ひらがな), 가타카나(片仮名・かたかな)의 세 종류의 글자를 사용합니다. 주로 한자와 히라가나를 섞어서 나타내는데, 다음 문장에서 보는 것처럼 외래어를 표기하거나 소리나 모양을 형용하는 의음어(擬音語・ぎおんご), 의태어(擬態語・ぎたいご)를 표기할 때 가타카나를 사용합니다.

これは　日本語の　ノートです。	이것은 일본어 노트입니다.
子犬が　ワンワン　泣く。	강아지가 멍멍 짖는다.
ニッコリ　笑う。	생긋 웃다.

1 일본어의 글자

1. 한자(漢字・かんじ)

　우리말에서는 한자를 사용할 때 정자(正字), 즉 일본에서 말하는 구자체(旧字体・きゅうじたい)를 사용하지만, 일본어에서는 신자체(新字体・しんじたい)를 사용합니다.

	旧字体	新字体
배울 학	學	学
나라 국	國	国
읽을 독	讀	読
모일 회	會	会
그림 도	圖	図

　또 한자를 읽는 방법에는 두 가지가 있습니다. 하나는 한자음으로 읽는 음독(音読・おんどく)이고, 또 하나는 뜻으로 읽는 훈독(訓読・くんどく)입니다.

	音読	訓読
山	さん	やま
国	こく	くに
水	すい	みず
日	にち　じつ	ひ　か
月	がつ　げつ	つき

2. 가나(仮名 · かな)

가나(仮名 · かな)는 일본 고유의 문자이기는 해도 한글과 같이 독창적으로 만들어진 것은 아니고 한자에서 유래한 것입니다. 가나는 본래 "가짜 글자, 임시 글자"라는 뜻으로 히라가나(平仮名 · ひらがな)와 가타카나(片仮名 · かたかな) 두 가지가 있습니다.

가나는 10세기경부터 사용되었으며, 히라가나는 한자를 초서체로 흘려 쓴 것을 더욱 간략하게 하여 만든 것이고, 가타카나는 한자의 일부를 떼어내어 만든 것입니다.

히라가나 오십음도

あ a	か ka	さ sa	た ta	な na	は ha	ま ma	や ja	ら ra	わ wa	ん n
い i	き ki	し si	ち chi	に ni	ひ hi	み mi		り ri		
う u	く ku	す su	つ tsu	ぬ nu	ふ hu	む mu	ゆ ju	る ru		
え e	け ke	せ se	て te	ね ne	へ he	め me		れ re		
お o	こ ko	そ so	と to	の no	ほ ho	も mo	よ jo	ろ ro	を o	

가타카나 오십음도

ア a	カ ka	サ sa	タ ta	ナ na	ハ ha	マ ma	ヤ ja	ラ ra	ワ wa	ン n
イ i	キ ki	シ si	チ chi	ニ ni	ヒ hi	ミ mi		リ ri		
ウ u	ク ku	ス su	ツ tsu	ヌ nu	フ hu	ム mu	ユ ju	ル ru		
エ e	ケ ke	セ se	テ te	ネ ne	ヘ he	メ me		レ re		
オ o	コ ko	ソ so	ト to	ノ no	ホ ho	モ mo	ヨ jo	ロ ro	ヲ o	

1. 청음(清音・せいおん)

청음(清音・せいおん)은 오십음도에 나오는 각 음절의 가나에 탁점(ﾞ)이나 반탁점(ﾟ)을 붙이지 않은 글자를 말합니다.

2. 탁음(濁音・だくおん)・반탁음(半濁音・はんだくおん)

탁음(濁音・だくおん)이란 청음「か・さ・た・は」행의 글자의 오른쪽 위에 탁점(ﾞ)을 붙여서 내는 음으로 성대의 진동에 의해 생기는 유성음(有声音)입니다. 반탁음은「は」행의 글자 오른쪽 위에 반탁점(ﾟ)을 붙여서 나타냅니다. 탁음과는 달리 성대를 울리지 않는 무성음(無声音)입니다.

탁음과 반탁음

	が行	ざ行	だ行	ば行	ぱ行
あ段	が ga	ざ za	だ da	ば ba	ぱ pa
い段	ぎ gi	じ zi	ぢ zi	び bi	ぴ pi
う段	ぐ gu	ず zu	づ zu	ぶ bu	ぷ pu
え段	げ ge	ぜ ze	で de	べ be	ぺ pe
お段	ご go	ぞ zo	ど do	ぼ bo	ぽ po

3. 요음(拗音・ようおん)

い단음「き・ぎ・し・じ・ち・ぢ・に・ひ・び・ぴ・み・り」에 반모음인「や・ゆ・よ」를 1/2크기로 작게 써서 한 음절로 발음하는 글자를 말합니다. 발음 구조상으로는 い단의 각 자음에 반자음 [j]와 [a] [u] [o] 모음이 결합하여 발음되는 것입니다.

요음

きゃ kja	しゃ sja	ちゃ cja	にゃ nja	ひゃ hja	みゃ mja	りゃ rja	ぎゃ gja	じゃ zja	びゃ bja	ぴゃ pja
きゅ kju	しゅ sju	ちゅ cju	にゅ nju	ひゅ hju	みゅ mju	りゅ rju	ぎゅ gju	じゅ zju	びゅ bju	ぴゅ pju
きょ kjo	しょ sjo	ちょ cjo	にょ njo	ひょ hjo	みょ mjo	りょ rjo	ぎょ gjo	じょ zjo	びょ bjo	ぴょ pjo

4. 촉음(促音・そくおん)

촉음(促音・そくおん)은 청음「つ」를 다른 글자 밑에 1/2크기로 작게 써서 나타낸 것으로「か・さ・た・ぱ」행음 앞에 나타납니다. 뒤에 오는 자음을 발음할 준비를 한 다음, 그 상태를 한 박자 길이만큼 유지했다가 후속 자음을 발음합니다.

❶ [k] : か행자음「か・き・く・け・こ」앞에서

うっかり [ukkari] 깜빡, 무심코	ノック [nokku] 노크

❷ [s] : さ행자음「さ・し・す・せ・そ」앞에서

いっさい 一切 [issai] 일제히	ざっし 雑誌 [zaʃʃi] 잡지

❸ [t] : た행자음「た・ち・つ・て・と」앞에서

いったい 一体 [ittai] 도대체	きっと [kitto] 아마

❹ [p] : ぱ행자음「ぱ・ぴ・ぷ・ぺ・ぽ」앞에서

いっぱい 一杯 [ippai] 가득	しっぽ [ʃippo] 꼬리

5. 발음(撥音・はつおん)

「ん」으로 표기하는 발음(撥音・はつおん)은 뒤에 오는 자음의 종류에 따라 다음과 같이 실현됩니다. 우리말의 받침과는 달리 한 음절을 이루므로 발음에 주의하여야 합니다.

❶ [m]：「ま・ば・ぱ」행음 앞에서

さんばい 三倍 [sambai] 세배	かんぱい 乾杯 [kampai] 건배

❷ [n]：「さ・ざ・た・だ・な・ら」행음 앞에서

じんせい 人生 [jinsei] 인생	かんじ 漢字 [kandʒi] 한자

❸ [ŋ]：「か・が」행음 앞에서

まんが 漫画 [maŋga] 만화	しんごう 信号 [shiŋgo] 신호

❹ [N]：뒤에 오는 음이 없이 「ん」으로 끝날 때나 모음, 반모음 앞에서
　　　[N]은 [ŋ]이 콧소리화 한 것.

きん 金 [kiN] 금	みかん [mikaN] 귤

6. 장음(長音・ちょうおん)

모음이 한 박자 길이만큼 길게 발음되는 것을 말합니다. 우리말과 달리 장모음은 표기상으로도 나타나고 의미의 구별에도 관여하므로 장단의 구별에 유의하여야 합니다.

❶ あ단장음 : あ단+あ - [a+a] → [aː]

おばあさん [obaːsaN] 할머니 おかあさん [okaːsaN] 어머니	＊ おばさん [obasaN] 아주머니

❷ い단장음 : い단+い - [i+i] → [iː]

おじいさん [odʒiːsaN] 할아버지 おにいさん [oniːsaN] 형님, 오빠	＊ おじさん [odʒisaN] 아저씨

❸ う단장음 : う단+う - [u+u] → [uː]

ゆうき 勇気 [juːki] 용기 くうき 空気 [kuːki] 공기	＊ ゆき 雪 [juki] 눈

❹ え단장음 : え단+え - [e+e] → [eː], え단+い - [e+i] → [eː]

おねえさん [oneːsaN] 언니, 누님	せんせい 先生 [senseː] 선생님

❺ お단장음 : お단+お - [o+o] → [oː], お단+う - [o+u] → [oː]

おとうさん [otoːsaN] 아버지	おとうと 弟 [otoːto] 남동생

❻ 외래어의 장음

コーヒー [koːhiː] 커피	カード [kaːdo] 카드

7. 조사 「は」「へ」「を」

「は」「へ」「を」의 발음은 [ha], [he], [ho]이지만 이 글자들이 조사로 사용될 때는 발음이 변화하므로 주의해야 합니다.

❶ 「は」[ha]는 '~은(는)'이라는 의미의 조사로 사용할 경우 [wa]로 발음합니다.

これは [korewa] 이것은	* はは [haha] 엄마

❷ 「へ」[he]는 '~에, ~으로'라는 의미의 조사로 사용할 경우 [e]로 발음합니다.

うちへ [utie] 집으로	* へび [hebi] 뱀

❸ 「を」는 「お」와 같이 [o]로 발음하며 '~을(를)'이라는 의미의 조사로만 사용합니다.

それを [soreo] 그것을	みずを [mizuo] 물을

8. 일본어의 악센트

일본어에서는 「雨(비)」와 「飴(사탕)」은 「アメ」, 「アメ」와 같이 「높이」의 차이에 의해 의미가 구별됩니다. 「箸(젓가락)」와 「橋(다리)」도 마찬가지로 표기나 발음은 같으나 「ハシ」, 「ハシ」와 같이 높낮이의 차이에 따라 의미를 구별합니다. 이렇게 "하나하나의 단어에 대해 사회적 습관으로서 정해져 있는 상대적인 높이나 강약의 배치"를 악센트(accent)라고 하는데, 이 중 고저에 의한 악센트를 고저악센트(pitch accent)라고 하고, 영어와 같이 강약에 의한 것을 강약악센트(stress accent)라고 합니다. 일본어의 악센트는 단어 내부에 고저 관계가 정해져 있는 고저 악센트로 고저의 차이에 따라 의미의 구별을 하기도 하고 단어가 하나의 단위임을 나타내기도 합니다.

あいさつ

はじめまして。

木村<ruby>き</ruby><ruby>むら</ruby>と　もうします。

よろしく　おねがいします。

대학교에서 : 中山 선생님과 1학년인 木村가 처음 만나 인사를 나눕니다.

木村　　　：はじめまして。

中山先生　：はじめまして。

木村　　　：木村と　もうします。

　　　　　　今　大学の　一年生です。

　　　　　　よろしく　おねがいします。

中山先生　：中山です。どうぞ　よろしく。

単　語

| 先生　せんせい　선생님 | ～と申します　～ともうします　～라고 합니다 |
| 今　いま　지금 | 大学　だいがく　대학교　　　一年生　いちねんせい　1학년 |

 회사에서 : 사원인 小林가 鈴木 부장에게 미국에서 온 スミス를 소개합니다.

小林 ： 部長、おはようございます。

鈴木部長 ： おはよう。

小林 ： こちらは スミスさんです。

スミス ： はじめまして。スミスです。

アメリカから まいりました。

よろしく おねがいします。

鈴木部長 ： こちらこそ。

単 語

部長 ぶちょう 부장	こちら 이쪽	アメリカ 미국
まいりました 왔습니다	こちらこそ 저야말로	

朴（パク）　：山下さん、こんにちは。

山下（やました）：あ、朴さん、こんにちは。

朴　：昼ご飯は。

山下：まだです。朴さんは。

朴　：私もです。いっしょに　どうですか。

山下：いいですね。

単語

昼ご飯　ひるごはん　점심식사	まだ　아직	私　わたし　나
いっしょに　함께	どうですか　어떻습니까?	いいですね　좋네요

① 인사말

일본에서 일상적으로 사용하는 인사말에는 다음과 같은 것이 있습니다.

おはようございます (아침인사) こんにちは (낮인사) こんばんは (밤인사)	안녕하십니까 안녕하세요
どうもありがとうございます ありがとうございます ありがとう	고맙습니다
どういたしまして	아니오 천만에요
すみません(すいません)	미안합니다
おやすみなさい	안녕히주무세요
いただきます	잘 먹겠습니다
ごちそうさまでした	잘 먹었습니다
いってきます	다녀오겠습니다
いってらっしゃい	다녀오세요
さようなら	안녕히 가세요
はじめまして	처음 뵙겠습니다
(どうぞ)よろしくおねがいします	잘 부탁합니다

❷ ~は ~です

「は」는 우리말의 명사와 결합하여 우리말 '~은(는)'으로 해석됩니다. 「です」는 명사와 결합하여 우리말의 '~입니다'로 해석되는 조동사입니다.

私は 山田です。	나는 야마다입니다.
山田さんは 日本人です。	야마다씨는 일본인입니다.
スミスさんは 大学生です。	스미스씨는 대학생입니다.

❸ 助詞

「と」

우리말 '~라고'의 뜻을 나타냅니다.

小林と もうします。	고바야시라고 합니다. : 정중한 표현
鈴木と いいます。	스즈키라고 합니다. : 보통 표현

「の」

명사와 명사를 연결하는 기능을 합니다. 우리말 '~의'로 해석할 수 있지만 해석하지 않는 편이 자연스러울 때가 많습니다.

高校の 二年生	고등학교 2학년
学校の 先生	학교 선생님

「から」

'~로부터'의 뜻으로 출신 지역 등을 나타낼 때 사용합니다.

日本から まいりました。	일본에서 왔습니다.

韓国から まいりました。　　　　　　　　한국에서 왔습니다.

「も」

우리말의 '~도'로 해석됩니다. 「Aは Bです」라고 말한 후 「C」도 그렇다는 의미를
나타낼 때 사용합니다.

木村さんは 一年生です。　　　　　　기무라씨는 1학년입니다.
私も 一年生です。　　　　　　　　　저도 1학년입니다.
スミスさんは アメリカ人です。　　　스미스씨는 미국인입니다.
ヘレンさんも アメリカ人です。　　　헬렌씨도 미국인입니다.

「か」

문장의 끝에 와서 의문을 나타내는 조사입니다.

トムさんは アメリカ人ですか。　　　톰씨는 미국인입니까?
大学の 四年生ですか。　　　　　　　대학교 4학년입니까?

日本人　にほんじん　일본인	大学生　だいがくせい　대학생	～といいます　~라고 합니다
高校　こうこう　고등학교	二年生　にねんせい　2학년	学校　がっこう　학교
韓国　かんこく　한국	四年生　よねんせい　4학년	

✏️ **1.** 다음 빈칸에 알맞은 글자를 쓰세요.

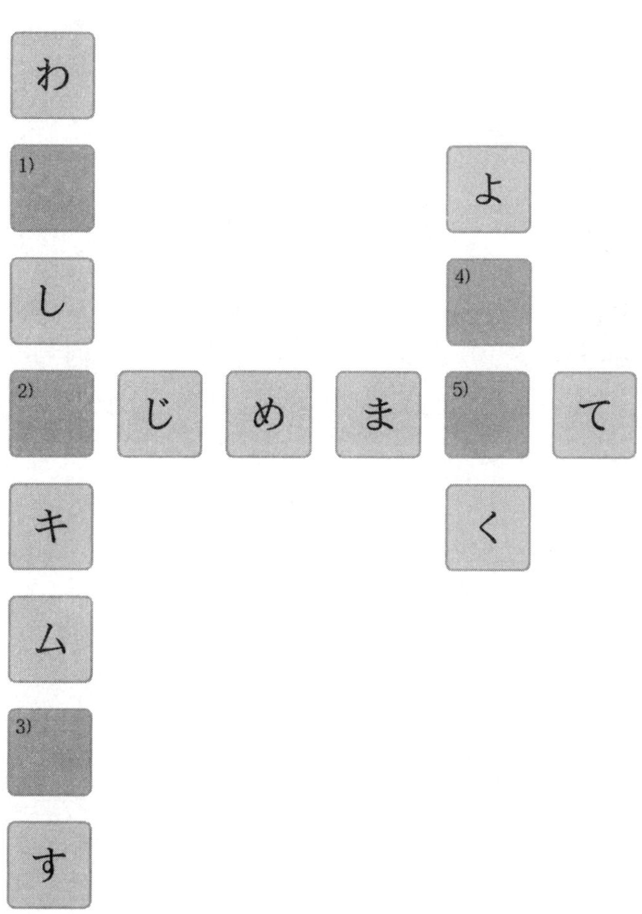

✏️ 2. 다음 그림을 보고 적절한 일본어 인사말을 쓰세요.

① ____ 。

② ____ 。

③ ____ 。

④ ____ 。

⑤ ____ 。

⑥ ____ 。

はじめまして。金と もうします。
韓国から まいりました。
どうぞ よろしく おねがいします。

① 日本-中山

② アメリカ
-スミス

③ 中国-チン

④ フランス
-レオン

⑤ イギリス
-ヘレン

⑥ ドイツ-ヘッセ

 **4.** 다음을 보기와 같이 만드세요.

金　朴　韓国人
➡　金さんは 韓国人です。朴さんも 韓国人です。

❶ 木村　小林　日本人

➡ ____ 。

❷ スミス　ジョン　アメリカ人

➡ ____ 。

❸ チン　リー　中国人

➡ ____ 。

❹ ヘレン　トム　イギリス

➡ ____ 。

❺ アウン　ウィン　タイ

➡ ____ 。

❻ ヘッセ　マックス　ドイツ

➡ ____ 。

5. 다음을 일본어로 고치세요.

1 고등학교 2학년입니다.

➡ ____。

2 프랑스에서 왔습니다.

➡ ____。

3 야마시타씨도 같이 어떠세요?

➡ ____。

4 잘 부탁합니다.

➡ ____。

単語

中国 ちゅうごく 중국　　フランス 프랑스　　　ドイツ 독일　　タイ 태국

2 <ruby>時<rt>じ</rt></ruby><ruby>間<rt>かん</rt></ruby>

バス<ruby>停<rt>てい</rt></ruby>は どこですか。

<ruby>今<rt>いま</rt></ruby> <ruby>何時<rt>なんじ</rt></ruby>ですか。

<ruby>九時<rt>くじ</rt></ruby>から <ruby>十時<rt>じゅうじ</rt></ruby> <ruby>十五分<rt>じゅうごふん</rt></ruby>までです。

スミス ： すみません。バス停は どこですか。

田中 ： あそこです。あの 本屋の 前です。

スミス ： あ、ありがとうございます。

＊ ＊ ＊

スミス ： 南大門行きの バスは ありますか。

吉田 ： ええ、あります。501番です。

スミス ： どのくらい かかりますか。

吉田 ： 30分ぐらい かかります。

単語

バス停 バスてい 버스정류장	どこ 어디	あそこ 저기
本屋 ほんや 책방	前 まえ 앞	～行き ～ゆき ～행
ありますか 있습니까	番 ばん 번	どのくらい 얼마나
かかります 걸립니다		

2-2　영화관에서 : 金과 井上가 영화를 보러 갔습니다.

金 ：今 何時ですか。

井上 ：ええと、6時 45分です。

金 ：映画は 何時からですか。

井上 ：7時半からです。

金 ：何時まででですか。

井上 ：9時 50分までです。

金 ：じゃあ、コーヒーでも どうですか。

井上 ：いいですね。

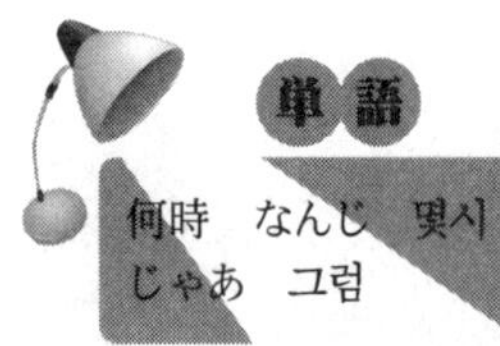

単語

何時　なんじ　몇시	映画　えいが　영화	半　はん　반
じゃあ　그럼	コーヒー　커피	

학교에서 : 中村와 ヘレンが 등교길에 만났습니다.

中村　：ヘレンさん、おはようございます。

ヘレン：おはようございます。今 何時ですか。

中村　：八時 四十分です。これから 授業ですか。

ヘレン：ええ、九時から 授業です。

中村　：毎日ですか。

ヘレン：いいえ、月曜日と 水曜日だけです。

中村　：水曜日も 九時からですか。

ヘレン：はい。午前 九時から 十時 十五分までです。

単語

これから　지금부터	授業　じゅぎょう　수업	毎日　まいにち　매일
月曜日　げつようび　월요일	水曜日　すいようび　수요일	午前　ごぜん　오전

① 숫자세기 1

일본어로 수를 세는 방법은 우리말과 마찬가지로 '일, 이, 삼...'과 같이 한자음으로 세는 방법과 '하나, 둘, 셋...'과 같이 고유어로 세는 방법 두 가지가 있습니다. 먼저 한자음으로 수를 세어 봅시다.

一 いち	二 に	三 さん
四 し/よん	五 ご	
六 ろく	七 しち/なな	八 はち
九 きゅう/く	十 じゅう	
百 ひゃく	千 せん	万 まん

② 時間과 曜日

	時(じ)	分(ふん・ぷん)	曜日(ようび)
1	一時(いちじ)	一分(いっぷん)	日曜日(にちようび)
2	二時(にじ)	二分(にふん)	月曜日(げつようび)
3	三時(さんじ)	三分(さんぷん)	火曜日(かようび)
4	四時(よじ)	四分(よんぷん)	水曜日(すいようび)
5	五時(ごじ)	五分(ごふん)	木曜日(もくようび)
6	六時(ろくじ)	六分(ろっぷん)	金曜日(きんようび)
7	七時(しちじ)	七分(ななふん)	土曜日(どようび)
8	八時(はちじ)	八分(はっぷん)	
9	九時(くじ)	九分(きゅうふん)	
10	十時(じゅうじ)	十分(じゅっ(じっ)ぷん)	
11	十一時(じゅういちじ)	十一分(じゅういっぷん)	
12	十二時(じゅうにじ)	十二分(じゅうにふん)	
	⋮	⋮	
何	何時(なんじ)	何分(なんぷん)	何曜日(なんようび)

三時 二十分　　さんじ にじゅっ(じっ)ぷん　　3시 20분
八時 四十五分　はちじ よんじゅうごふん　　　8시 45분

授業は 九時から 十二時までです。　　수업은 9시부터 12시까지입니다.
学校は 月曜日から 金曜日までです。　학교는 월요일부터 금요일까지입니다.

③ こ・そ・あ・ど

　일본어에는 「こ・そ・あ・ど」를 포함하는 어휘가 있습니다. 이들은 화자와 청자의 거리에 따라 구분하여 사용합니다. 화자와 가까운 것은 「こ」, 청자와 가까운 것은 「そ」, 양자에게서 모두 먼 것은 「あ」, 어느 쪽으로도 정할 수 없는 것은 「ど」를 사용합니다. 이 과에서는 명사와 결합할 때 사용되는 어휘와 장소를 나타내는 어휘를 공부합시다.

| 뒤에 명사가 올 때 | この 이 | その 그 | あの 저 | どの 어느 |
| 장소를 나타냄 | ここ 이곳 | そこ 그곳 | あそこ 저곳 | どこ 어디 |

あの 本屋の 前　　저 책방 앞
ここは どこですか。　여기는 어디입니까?

④ 助詞

「～から ～まで」
　'～부터(에서) ～까지'라는 의미로 시간이나 장소의 시작과 끝을 나타냅니다. 단독으로 쓰이기도 하고 같이 사용되기도 합니다.

授業は 何時から 何時までですか。　수업은 몇시부터 몇시까지입니까?
家から 学校まで 三十分 かかります。　집에서 학교까지 30분 걸립니다.

「でも」

우리말의 '~(이)라도'에 해당하는 표현입니다.

    お茶でも どうですか。   차라도 어떠세요(드시지 않겠어요)?
    パンでも どうですか。   빵이라도 어떠세요(드시지 않겠어요)?

「と」

명사를 나열할 때 쓰는 조사입니다.

    土曜日と 日曜日   토요일과 일요일
    先生と 学生   선생님과 학생

「だけ」

한정하여 말할 때 쓰는 조사로 '~만'이라고 해석됩니다.

    韓国人は 私だけです。   한국인은 나뿐입니다.
    授業は 月曜日だけです。   수업은 월요일뿐입니다.

1. 다음 그림을 보고 보기와 같이 질문에 답하세요. 숫자는 한자로 쓰세요.

今 何時ですか。 ➡ ＿＿四時です。＿＿

❶ 今 何時ですか。　➡ ＿＿＿＿＿＿＿＿＿＿＿＿＿＿＿＿＿＿＿。

❷ 今 何時ですか。　➡ ＿＿＿＿＿＿＿＿＿＿＿＿＿＿＿＿＿＿＿。

❸ 今 何時ですか。　➡ ＿＿＿＿＿＿＿＿＿＿＿＿＿＿＿＿＿＿＿。

❹ 今 何時ですか。　➡ ＿＿＿＿＿＿＿＿＿＿＿＿＿＿＿＿＿＿＿。

❺ 今 何時ですか。　➡ ＿＿＿＿＿＿＿＿＿＿＿＿＿＿＿＿＿＿＿。

❻ 今 何時ですか。　➡ ＿＿＿＿＿＿＿＿＿＿＿＿＿＿＿＿＿＿＿。

2. 다음 그림을 보고 보기와 같이 답하세요.

❶ 会社は ____ 。

❷ 映画は ____ 。

❸ 美術館は ____ 。

❹ 昼休みは ____ 。

❺ テストは ____ 。

❻ 日本語の授業は ____ 。

A ： ここは どこですか。
B ： 　ここは 大学です。

① A ： ここは どこですか。

 B ： ____ 。

② A ： エレベーターは どこですか。

 B ： ____ 。

③ A ： 電話は どこですか。

 B ： ____ 。

④ A : バス停は どこですか。

   B : ____ 。

⑤ A : トイレは どこですか。

   B : ____ 。

⑥ A : いすは どこですか。

   B : ____ 。

4. 다음을 일본어로 고치세요.

① 버스정류장은 저기에 있습니다.

   ➡ ____ 。

② 50분 정도 걸립니다.

   ➡ ____ 。

③ 수업은 월요일에서 금요일까지입니다.

   ➡ ____ 。

④ 10시 30분부터 수업입니다.

   ➡ ____ 。

単語

会社　かいしゃ　회사	美術館　びじゅつかん　미술관	昼休み　ひるやすみ　점심시간
テスト　시험	エレベーター　엘리베이터	電話　でんわ　전화
トイレ　화장실	いす　의자	

とき
時

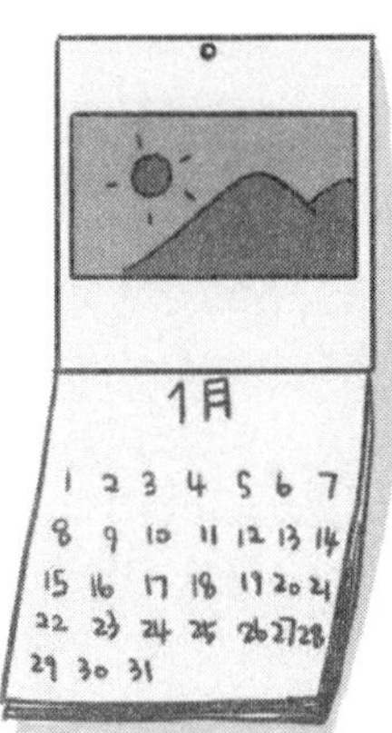

一昨日 おととい 그저께	昨日 きのう 어제	今日 きょう 오늘	明日 あした/あす 내일	明後日 あさって 모레
先々週 せんせんしゅう 지지난 주	先週 せんしゅう 지난주	今週 こんしゅう 이번주	来週 らいしゅう 다음주	再来週 さらいしゅう 다다음 주
先々月 せんせんげつ 지지난 달	先月 せんげつ 지난달	今月 こんげつ 이번달	来月 らいげつ 다음달	再来月 さらいげつ 다다음 달
一昨年 おととし 재작년	去年 きょねん 작년	今年 ことし 올해	来年 らいねん 내년	再来年 さらいねん 후년

買い物

りんごは いくらですか。

みかんを 三つ ください。

青木さん いますか。

客（きゃく）　：すみません。この　りんごは　いくらですか。

店員（てんいん）：二百円です。これは　百円です。

客　：あれも　百円ですか。

店員：いいえ、あれは　百五十円です。

客　：その　みかんは　いくらですか。

店員：これは　五十円です。

客　：では　りんごを　二つと　みかんを　三つ　ください。

　　　全部で　いくらですか。

店員：三百五十円です。

単　語

りんご　사과	いくら　얼마	これ　이것
あれ　저것	みかん　귤	二つ　ふたつ　두 개
三つ　みっつ　세 개	ください　주세요	全部で　ぜんぶで　모두

客 ：すみません。この くつ、24は ありますか。

店員：少々 お待ちください。

お待たせしました。こちらです。どうぞ。

客 ：ちょっと 大きめですね。ワンサイズ下は ありませんか。

店員：ございます。どうですか。

客 ：ちょうど いいですね。じゃあ、これを ください。

いくらですか。

店員：9800円です。

単語

くつ 신발		ありります 있습니다	少々 しょうしょう 잠깐
お待ちください おまちください 기다려주세요			ちょっと 조금
お待たせしました おまたせしました 기다리셨습니다			大きめ おおきめ 큰 편
下 した 아래		ございます あります의 겸양표현	ちょうど 딱

客(きゃく)　：あの、店長の 青木(あおき)さん いますか。

店員(てんいん)：はい、います。

＊　＊　＊

青木(あおき)：いらっしゃいませ。

客　　：そちらの 赤ワインを 見せてください。

青木：こちらですか。はい、どうぞ。

客　　：これは フランスの ワインですか。

青木：いいえ、それは イタリアのです。

客　　：いくらですか。

青木：　2500円です。

店長	てんちょう	점장	います	있습니다
赤ワイン	あかワイン	레드와인	見せてください	みせてください	보여 주세요
イタリア	이태리			

店長　てんちょう　점장　　　　　います　있습니다　　　そちら　저쪽
赤ワイン　あかワイン　레드와인　　見せてください　みせてください　보여 주세요
イタリア　이태리

① あります・います

　사물의 존재를 나타내는 말은 「あります」이고, 사람이나 동물의 존재를 나타내는 말은 「います」입니다. 여기에 의문조사를 붙인 「ありますか・いますか」는 '있습니까'가 됩니다. 부정은 「ありません・いません」이고, 여기에도 의문조사 「か」를 붙이면 「ありませんか・いませんか」 즉 '없습니까'가 됩니다.

すいかは ありますか。	수박은 있습니까?
ビールは ありませんか。	맥주는 없습니까?
山下さん いますか。	야마시타씨 있습니까?
弟さんは いませんか。	남동생은 없습니까?

② 숫자세기 2

　2과에서는 한자음으로 숫자를 세는 방법을 배웠습니다. 이번에는 '하나, 둘, 셋…'과 같이 일본어 고유어로 세는 방법을 익혀봅시다.

一つ	ひとつ	二つ	ふたつ	三つ	みっつ	四つ	よっつ
五つ	いつつ	六つ	むっつ	七つ	ななつ	八つ	やっつ
九つ	ここのつ	十	とお				

③ 화폐 단위

일본 엔 円 えん		달러 ドル		중국 원(위안) 元 ゲン
한국 원 圓 ウォン		유로 ユーロ		

❹ 여러 가지 과일

사과	りんご	딸기	いちご	수박	すいか
포도	ぶどう	배	なし	바나나	バナナ
멜론	メロン	과일	くだもの		

❺ 조사 「の」

「の」에 대해서는 1과에서 명사와 명사를 연결하는 기능에 대해 공부했습니다. 명사와 명사를 연결하는 기능 중에서도 다음과 같은 것은 앞쪽 명사가 뒤쪽 명사의 속성을 나타낸다고 할 수 있습니다.

部長の 山田さん	부장인 야마다씨
大学生の 青木君	대학생인 아오키군

다음의 예는 「の」가 「の＋代名詞」를 나타내는 용법입니다.

それは 先生の 本ですか。	그것은 선생님의 책입니까?
いいえ、これは 私のです。	아니오, 이것은 내 것(책)입니다.
これも あなたの 辞書ですか。	이것도 당신의 사전입니까?
いいえ、それは 鈴木さんのです。	아니오, 그것은 스즈키씨의 것(사전)입니다.

単語

すいか 수박	ビール 맥주	弟 おとうと 남동생
本 ほん 책	辞書 じしょ 사전	

 **1.** 다음 그림을 보고 보기와 같이 질문에 답하세요.

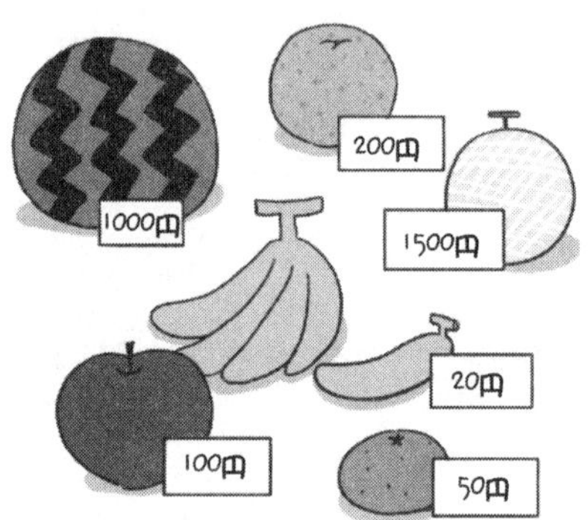

> りんごを 五つと すいかを 一つ ください。いくらですか。
> ➡ ＿全部で 1500円です。＿

❶ バナナを 七つ ください。いくらですか。

➡ ＿＿＿＿＿＿＿＿＿＿＿＿＿＿＿＿＿＿＿＿＿。

❷ りんごを 五つと みかんを 六つ ください。いくらですか。

➡ ＿＿＿＿＿＿＿＿＿＿＿＿＿＿＿＿＿＿＿＿＿。

❸ すいかを 一つと メロンを 一つ ください。いくらですか。

➡ ＿＿＿＿＿＿＿＿＿＿＿＿＿＿＿＿＿＿＿＿＿。

❹ りんごを 三つと なしを 三つ ください。いくらですか。

➡ ＿＿＿＿＿＿＿＿＿＿＿＿＿＿＿＿＿＿＿＿＿。

❺ みかんを 九つと バナナを 二つ ください。いくらですか。

➡ ＿＿＿＿＿＿＿＿＿＿＿＿＿＿＿＿＿＿＿＿＿。

❻ なしを 五つと メロンを 四つ ください。いくらですか。

➡ ＿＿＿＿＿＿＿＿＿＿＿＿＿＿＿＿＿＿＿＿＿。

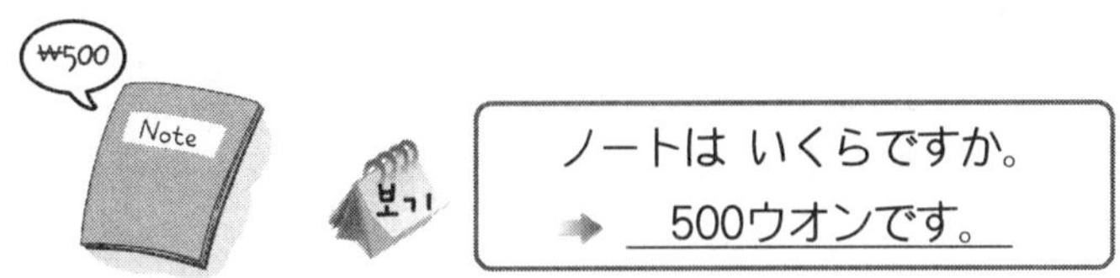

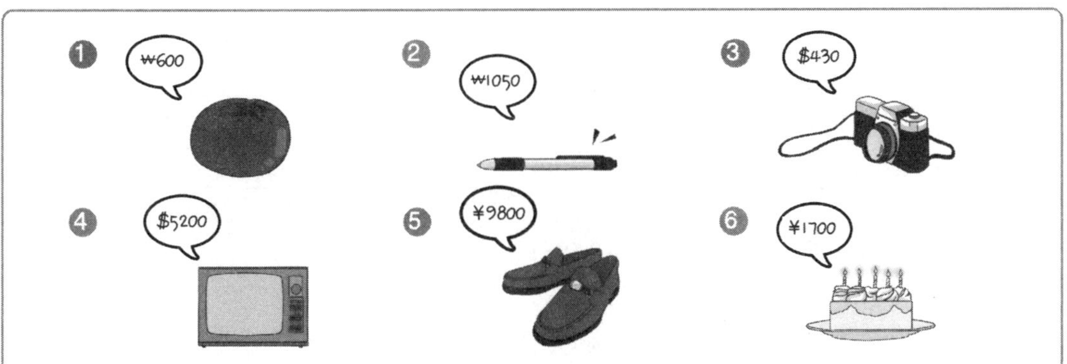

① トマトは いくらですか。

→ ＿＿＿＿＿＿＿＿＿＿＿＿＿＿＿＿＿＿＿＿＿＿＿。

② ボールペンは いくらですか。

→ ＿＿＿＿＿＿＿＿＿＿＿＿＿＿＿＿＿＿＿＿＿＿＿。

③ カメラは いくらですか。

→ ＿＿＿＿＿＿＿＿＿＿＿＿＿＿＿＿＿＿＿＿＿＿＿。

④ テレビは いくらですか。

→ ＿＿＿＿＿＿＿＿＿＿＿＿＿＿＿＿＿＿＿＿＿＿＿。

⑤ くつは いくらですか。

→ ＿＿＿＿＿＿＿＿＿＿＿＿＿＿＿＿＿＿＿＿＿＿＿。

⑥ ケーキは いくらですか。

→ ＿＿＿＿＿＿＿＿＿＿＿＿＿＿＿＿＿＿＿＿＿＿＿。

 **3.** 보기와 같이 질문에 답하세요.

> これは 先生の 本ですか。(私)
> ➡ <u>いいえ、それは 私のです。</u>

❶ それは あなたの 辞書ですか。(私)

➡ ____。

❷ これは ジョンさんの くつですか。(トム)

➡ ____。

❸ あれは 中国の ドレスですか。(日本)

➡ ____。

❹ それは 先生の いすですか。(先生)

➡ ____。

❺ これは 部長の 車ですか。(課長)

➡ ____。

❻ あれは イタリアの ワインですか。(フランス)

➡ ____。

4. 다음을 일본어로 고치세요.

1 이 맥주는 얼마입니까?

➡ ____。

2 귤을 5개와 사과를 3개 주세요.

➡ ____。

3 그것은 프랑스 것입니다.

➡ ____。

4 그쪽의 레드와인을 보여주세요.

➡ ____。

単語

トマト 토마토	ボールペン 볼펜	カメラ 사진기
テレビ 텔레비전	ケーキ 케이크	ドレス 드레스
課長 かちょう 과장	車 くるま 자동차	

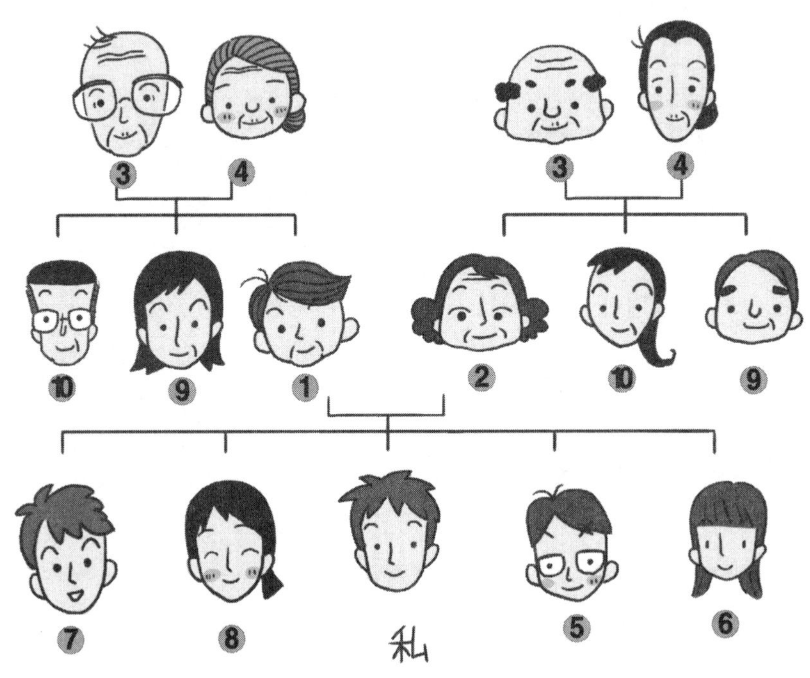

1 お 　 　 　 ん	**6** 　 ね
2 お 　 　 　 ん	**7** 　 と
3 　 じ	**8** い
4 　 ば	**9** お 　 　 ん
5 お に	**10** お 　 　 ん

メモ

朝、何時に 起きますか。

英会話スクールに 行きます。

十二時から 一時ごろ 寝ます。

千葉：鈴木さんは、朝、何時に 起きますか。

鈴木：私は 七時に 起きます。

千葉：それから 何を しますか。

鈴木：朝ご飯を 食べます。

　　　その後、英会話スクールに 行きます。

千葉：授業は 毎日 ありますか。

鈴木：はい、月曜日から 金曜日まで 毎日 あります。

　　　だいたい 四時ごろ 終わります。

単 語

朝　あさ　아침	起きる　おきる　일어나다	それから　그리고
何　なに　무엇	する　하다	朝ご飯　あさごはん　아침식사
食べる　たべる　먹다	その後　そのあと　그 후	英会話　えいかいわ　영어회화
スクール　학교, 학원	行く　いく　가다	だいたい　대개, 보통
ごろ　~경, ~쯤	終わる　おわる　끝나다	

李　：山下さんは　いつも　何時ごろ　寝ますか。

山下：だいたい、十二時から　一時ごろ　寝ます。李さんは。

李　：私は　十一時ごろです。

　　　朝は、五時半に　起きます。

山下：えっ、五時半。どうしてですか。

李　：ジョギングを　するためです。今、ダイエット中です。

山下：なるほど。効果は　ありますか。

李　：いや、あまり　ありません。

単語

いつも　항상	寝る　ねる　자다	どうして　왜, 어째서
ジョギング　조깅	ため　위해	ダイエット　다이어트
～中　～ちゅう　～중	なるほど　과연(그렇군요)	効果　こうか　효과
あまり　별로		

山田　：ジョンさん、今日の 午後は 何を しますか。

ジョン：アルバイトに 行きます。山田さんは。

山田　：私は サークルに 行きます。

ジョン：何の サークルですか。

山田　：ヨガの サークルです。

　　　　ジョンさんは 毎日 バイトですか。

ジョン：いいえ、土日だけです。

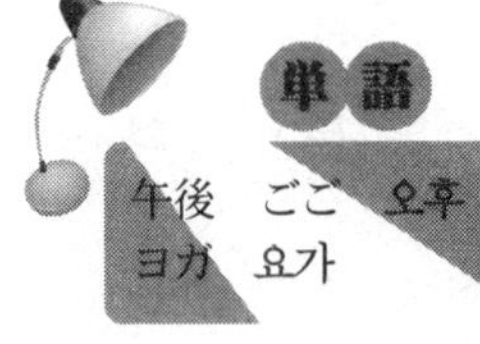

単語

午後　ごご　오후	アルバイト　아르바이트	サークル　동아리, 써클
ヨガ　요가	バイト　아르바이트의 줄임말	土日　どにち　토요일과 일요일

❶ 동사의 종류와 「ます」형 만들기

일본어의 동사에는 다음과 같이 5단동사(五段動詞), 1단동사(一段動詞), 불규칙동사(不規則動詞) 세 가지가 있습니다. 「ます」는 우리말 '~ㅂ니다'의 의미인데 동사와 결합하여 정중한 표현을 만드는 조동사입니다.

① 5단동사(五段動詞) : 「ます」와 결합할 때 모음이 い단으로 바뀝니다.

書く　　→　かき　　＋　ます　⇒　かきます
ある　　→　あり　　＋　ます　⇒　あります
終わる　→　おわり　＋　ます　⇒　おわります

② 1단동사(一段動詞) : 어미 「る」 앞의 모음이 い단이거나 え단인 동사입니다.
　　　　　　　　　　　　「る」를 탈락시키고 「ます」와 결합합니다.

起きる　→　おき　＋　ます　⇒　おきます
食べる　→　たべ　＋　ます　⇒　たべます
寝る　　→　ね　＋　ます　⇒　ねます

③ 불규칙동사(不規則動詞) : 「来る」와 「する」 두 단어만 여기에 속합니다.

来る　　→　き　＋　ます　⇒　きます
する　　→　し　＋　ます　⇒　します

「ません」은 「ます」의 부정형입니다. 「ます」와 「ません」 뒤에 「か」를 붙이면 의문문이 됩니다.

買います　삽니다　　：　買いません　사지 않습니다
買いますか　삽니까?　　：　買いませんか　사지 않습니까(안 삽니까)?

飲みます　마십니다　　：　飲みません　마시지 않습니다
飲みますか　마십니까?　　：　飲みませんか　마시지 않습니까(안 마십니까)?

② 장소에 行きます

'~에 갑니다'라는 의미입니다. 이 때 「に」를 방향을 나타내는 조사 「へ」로 바꾸어도
되는 경우가 많습니다.

　　学校に(へ) 行きます。　　　　학교에 갑니다.
　　友達の 家に(へ) 行きます。　　친구 집에 갑니다.

③ あまり+부정

「あまり」는 정도를 나타내는 부사로 부정표현과 호응할 경우 「그다지 ~(하)지 않다」
로 해석됩니다.

　　効果は あまり ありません。　　효과는 그다지 없습니다.
　　運動は あまり しません。　　　운동은 그다지 안합니다.

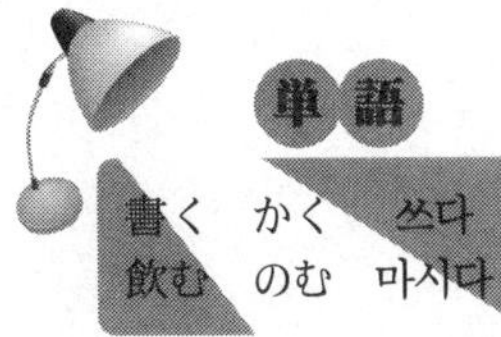

書く　かく　쓰다	来る　くる　오다	買う　かう　사다
飲む　のむ　마시다	友達　ともだち　친구	運動　うんどう　운동

연습
연습문제 풀어보기

1. 다음 그림을 보고 보기와 같이 만드세요.

❶ ________________________ / ________________________

❷ ________________________ / ________________________

❸ ________________________ / ________________________

❹ ________________________ / ________________________

❺ ________________________ / ________________________

❻ ________________________ / ________________________

2. 다음 그림을 보고 보기와 같이 만드세요.

学校に(へ)　行きます。

① ____ 。

② ____ 。

③ ____ 。

④ ____ 。

⑤ ____ 。

⑥ ____ 。

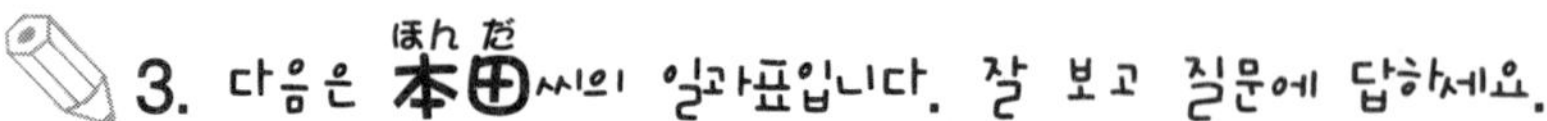

3. 다음은 **本田**씨의 일과표입니다. 잘 보고 질문에 답하세요.

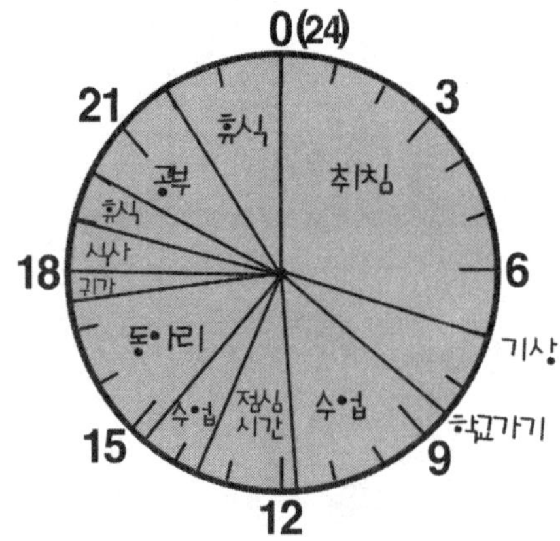

① 本田さんは 何時に 起きますか。

  ➡ ____ 。

② 本田さんは 何時に 学校に 行きますか。

  ➡ ____ 。

③ 本田さんの 昼休みは 何時から 何時までですか。

  ➡ ____ 。

④ サークルは 何時に 終わりますか。

  ➡ ____ 。

⑤ 本田さんは 夜 何時から 何時まで 勉強しますか。

  ➡ ____ 。

⑥ 本田さんは 何時から 何時まで 寝ますか。

  ➡ ____ 。

 **4.** 다음을 일본어로 고치세요.

① 8시에 아침밥을 먹습니다.

➡ ____。

② 수업은 대개 5시에 끝납니다.

➡ ____。

③ 7시경에 조깅을 합니다.

➡ ____。

④ 운동 효과는 있습니까?

➡ ____。

単 語

昼休み　ひるやすみ　점심시간　　　　　勉強する　べんきょうする　공부하다

飲み物

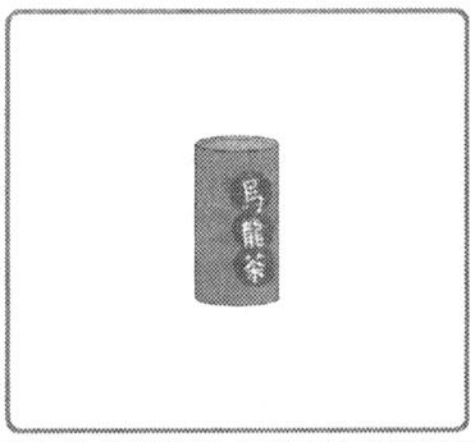

<ruby>食<rt>た</rt></ruby>べ<ruby>物<rt>もの</rt></ruby>

ケ ☐ ☐

ク ☐ ☐ ー

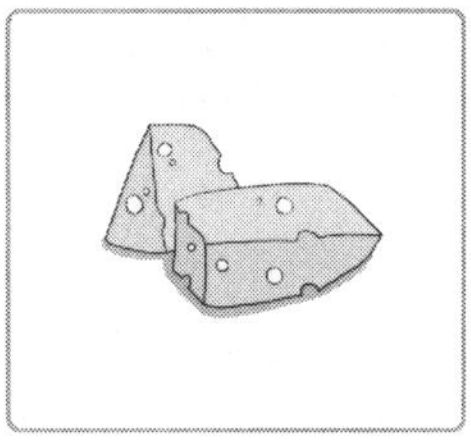

☐ ☐ ズ

☐ ☐

☐ パ ☐
ッ ☐ イ

☐ レ ー
☐ イ ☐

☐ ☐ ー キ

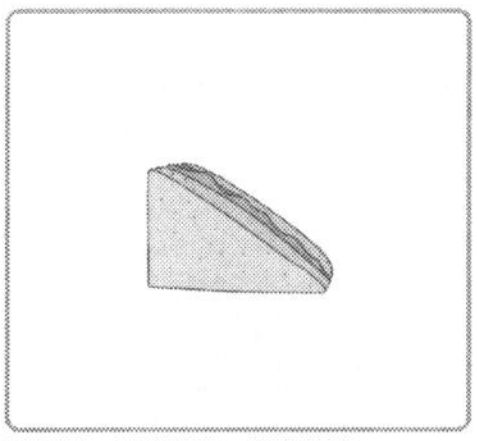

☐ ☐ ド
☐ イ ☐ チ

チ ョ ☐
☐ ☐ ☐

さんぽ
散歩

どこか散歩でも行きませんか。

この大学は広いですね。

小さい建物も病院ですか。

本田　：　この部屋、なんだか暑いですね。

鈴木　：　そうですね。

本田　：　どこか散歩でも行きませんか。

鈴木　：　天気もいいし、漢江（ハンガン）はどうですか。

本田　：　何で行きますか。

鈴木　：　バスも地下鉄もありますが。

本田　：　私は地下鉄の方がいいです。

　　　　　漢江に近い駅はどこですか。

鈴木　：　ヨイナル駅が近いです。

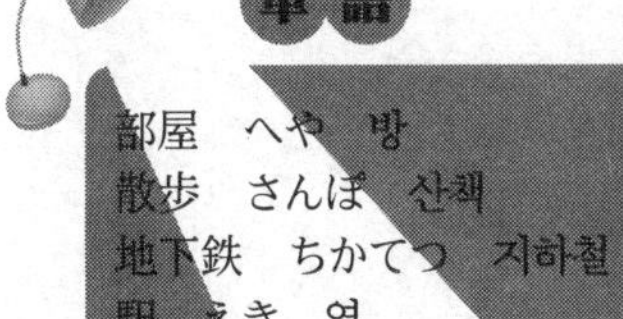

単語

部屋　へや　방	なんだか　왠지	暑い　あつい　덥다
散歩　さんぽ　산책	天気　てんき　날씨	いい　좋다
地下鉄　ちかてつ　지하철	～の方　～のほう　～쪽	近い　ちかい　가깝다
駅　えき　역		

 어느 대학교 교정에서 トム와 呉가 대화를 나누고 있습니다.

トム ： この大学は広いですね。

呉 ： 韓国で一番大きい大学です。

トム ： あの高いビルは図書館ですか。

呉 ： いいえ、図書館ではありません。大学病院です。

トム ： となりの小さい建物も病院ですか。

呉 ： いいえ、あれは留学生センターです。

トム ： 新しい建物ですね。

単語

広い　ひろい　넓다	一番　いちばん　가장	大きい　おおきい　크다
高い　たかい　높다	ビル　빌딩	図書館　としょかん　도서관
病院　びょういん　병원	となり　옆	小さい　ちいさい　작다
建物　たてもの　건물	留学生　りゅうがくせい　유학생	センター　센터
新しい　あたらしい　새롭다		

高橋：お昼、何にしますか。

朴　：そうですね。めんがいいです。

高橋：冷たいのと暖かいのと、どちらがいいですか。

朴　：今日は暑いので、冷たいのがいいです。

高橋：じゃあ、ざるそばはどうですか。

朴　：どんな味ですか。

高橋：さっぱりしておいしいです。

朴　：では、それにします。

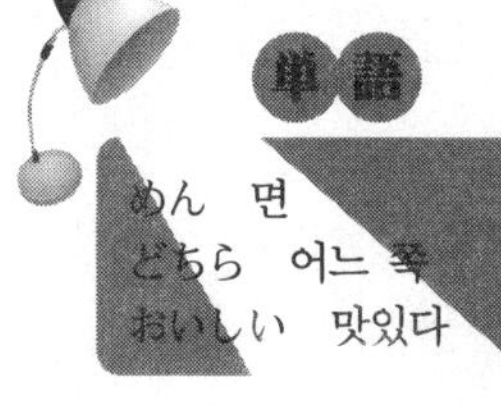

単語

めん　面	冷たい　つめたい　차갑다	暖かい　あたたかい　따뜻하다
どちら　어느 쪽	ざるそば　소쿠리에 담긴 메밀국수	味　あじ　맛
おいしい　맛있다	さっぱり　깔끔함	

① い形容詞

형용사는 상태나 성질을 나타내는 말입니다. 일본어에는 い형용사와 な형용사 두 가지 형용사가 있습니다. 이 두 형용사는 어미가 다르고 활용이 다릅니다. い형용사는 「어간 +い」로 되어 있고 어미 「い」가 변화하여 다양한 문장을 만듭니다.

白い雪	하얀 눈
雪は白い。	눈은 하얗다.
雪は白いです。	눈은 하얗습니다.

大きい車	큰 자동차
車は大きい	자동차는 크다.
車は大きいです。	자동차는 큽니다.

すずしい秋	선선한 가을
秋はすずしい。	가을은 선선하다.
秋はすずしいです。	가을은 선선합니다.

春は暖かいです。	봄은 따뜻합니다.
冬は寒いです。	겨울은 춥습니다.

② 명사 부정 : 名詞＋ではありません

「名詞＋ではありません」은 명사를 부정할 때 쓰는 표현입니다. 「名詞＋ではないです」도 같은 표현입니다.

先生の本です。　　　　　　　　선생님의 책입니다.
先生の本ではありません。　　　선생님의 책이 아닙니다.
先生の本ではないです。

日本語の辞書です。　　　　　　일본어 사전입니다.
日本語の辞書ではありません。　일본어 사전이 아닙니다.
日本語の辞書ではないです。

❸ 〜でも 〜ませんか

「でも」는 '〜라도'라는 뜻의 조사입니다. 「〜でも〜ませんか」는 '〜라도 〜하지 않겠습니까?'라는 의미로 상대방에게 부드럽게 물어보는 표현입니다.

お茶でも飲みませんか。　　　차라도 드시지 않을래요?
食事でもしませんか。　　　　식사라도 하시지 않을래요?

❹ 〜にする

'〜으로 정하다, 〜으로 하겠다'라는 뜻을 나타내는 표현입니다.

ビビンバにします。　　　　비빔밥으로 하겠습니다.
コーヒーにします。　　　　커피로 하겠습니다.
赤にします。　　　　　　　빨간색으로 하겠습니다.

❺ こ・そ・あ・ど

「こ・そ・あ・ど」를 포함하는 어휘를 정리해봅시다.

뒤에 명사가 올 때	この 이	その 그	あの 저	どの 어느
장소를 나타냄	ここ 이곳	そこ 그곳	あそこ 저곳	どこ 어디
사물을 일컬을 때	これ 이것	それ 그것	あれ 저것	どれ 어느 것
'~와 같은'의 의미로	こんな 이런	そんな 그런	あんな 저런	どんな 어떤
방향을 나타낼 때	こちら 이쪽	そちら 그쪽	あちら 저쪽	どちら 어느 쪽

❻ 助詞

「ね」

문장 끝에 붙여서 화자의 감정, 의지를 담아 표현하는 종조사입니다. '~군요', '~네요'라는 뜻입니다. 또 상대가 동의해줄 것으로 기대하며 가볍게 묻는 표현에도 사용할 수 있습니다. 이 때는 '~지요?'라고 해석됩니다.

空が青いですね。 　　　　　　하늘이 파랗군요

明日の授業は休みですね。 　　내일 수업은 쉬지요?

「し」

앞뒤에 동일한 사항을 연결하여 나열할 때 사용하는 접속조사입니다. 여기에서는 '~하고', '~하니까' 정도로 해석을 하면 되겠습니다.

天気もいいし、漢江はどうですか。 날씨도 좋고 한강은(에 가면) 어떨까요?

値段も安いし、いいですね。 　　　값도 싸고 좋네요

「で」

본문에서 사용된 「で」는 수단을 나타내는 조사입니다.

何で行きますか。	무엇으로(무엇을 타고) 갑니까?
バスで行きます。	버스로(버스를 타고) 갑니다.
ボールペンで書きます。	볼펜으로 씁니다.

이밖에 「で」는 장소 뒤에도 쓰입니다.

図書館で勉強します。	도서관에서 공부합니다.
公園で遊びます。	공원에서 놉니다.

「ので」

객관적인 이유를 들어 말할 때 사용됩니다.

忙しいので早く起きます。	바빠서(바쁘기 때문에) 일찍 일어납니다.
広いので疲れます。	넓어서(넓기 때문에) 피곤합니다.

「の」

「の」는 다음과 같이 대명사의 역할을 하기도 합니다.

このりんごは一つ50円です。	이 사과는 한 개 50엔입니다.
それより高いのもあります。	그것보다 비싼 것(사과)도 있습니다.
あの大きい辞書は先生のです。	저 큰 사전은 선생님 것(사전)입니다.

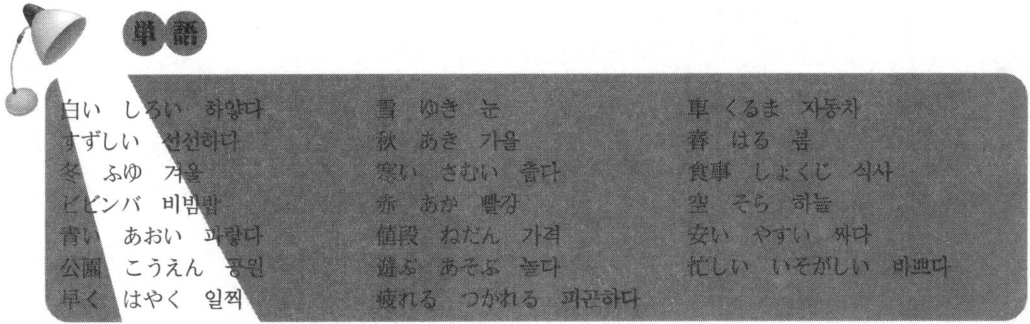

1. 다음 그림을 보고 보기와 같이 만드세요.

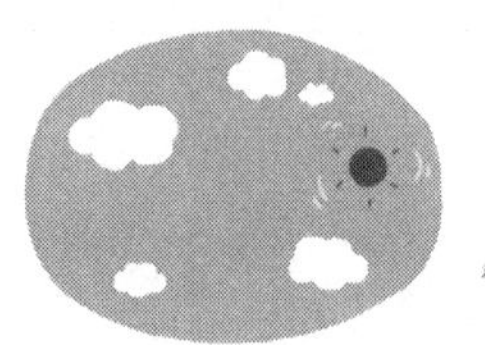

青い空　/　空は青いです。

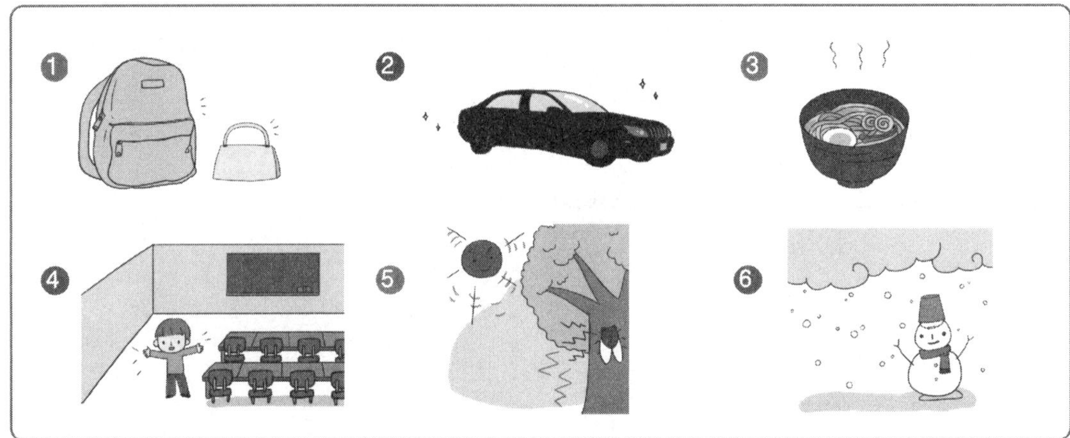

❶ ＿＿＿＿＿＿＿＿＿＿＿＿＿＿＿／＿＿＿＿＿＿＿＿＿＿＿＿。

❷ ＿＿＿＿＿＿＿＿＿＿＿＿＿＿＿／＿＿＿＿＿＿＿＿＿＿＿＿。

❸ ＿＿＿＿＿＿＿＿＿＿＿＿＿＿＿／＿＿＿＿＿＿＿＿＿＿＿＿。

❹ ＿＿＿＿＿＿＿＿＿＿＿＿＿＿＿／＿＿＿＿＿＿＿＿＿＿＿＿。

❺ ＿＿＿＿＿＿＿＿＿＿＿＿＿＿＿／＿＿＿＿＿＿＿＿＿＿＿＿。

❻ ＿＿＿＿＿＿＿＿＿＿＿＿＿＿＿／＿＿＿＿＿＿＿＿＿＿＿＿。

2. 다음 그림을 보고 보기와 같이 만드세요.

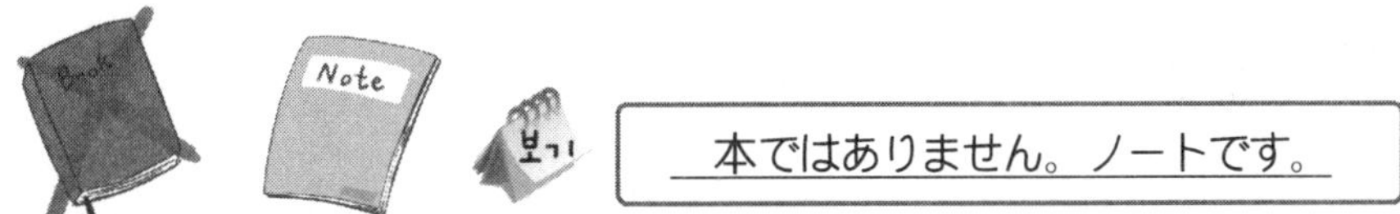

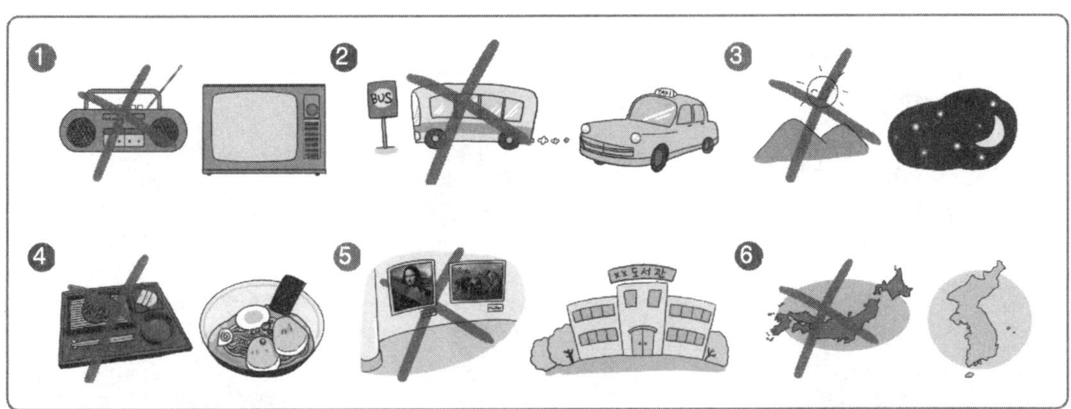

1 ____。____。

2 ____。____。

3 ____。____。

4 ____。____。

5 ____。____。

6 ____。____。

漢江へ行きませんか。

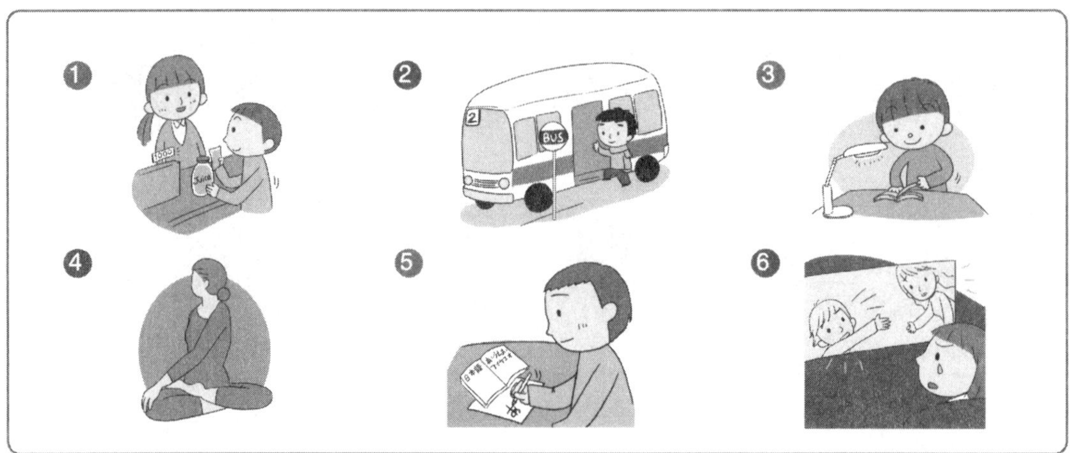

①　____。

②　____。

③　____。

④　____。

⑤　____。

⑥　____。

✏️ **4.** 다음을 일본어로 고치세요.

1 추워서 따뜻한 것이 좋습니다.

➡ ____ 。

2 옆의 큰 건물은 무엇입니까?

➡ ____ 。

3 흰 것과 빨간 것과 어느 쪽이 좋습니까?

➡ ____ 。

4 지하철로 갑니다.

➡ ____ 。

国の名前

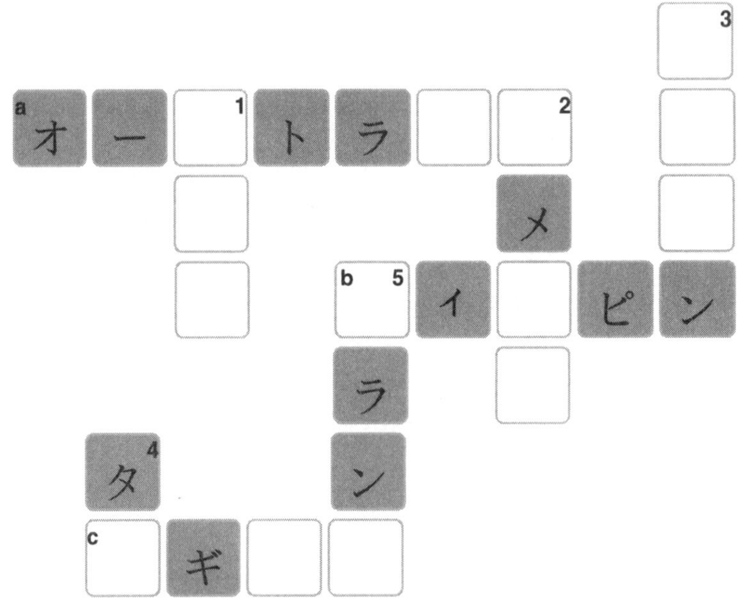

세로열쇠

1.  

2.  

3.  

4.  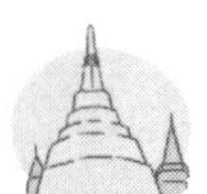

5. 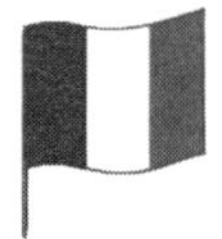 

가로열쇠

a.  

b.  

c.  

メモ

食べ物

何を食べましょうか。

にぎやかな街ですね。

なかなかおしゃれですね。

金이 한국에 처음 온 保坂와 함께 식사메뉴를 고민하고 있습니다.

金　：保坂さん、韓国ははじめてですか。

保坂：はい、はじめてです。

金　：何を食べましょうか。辛いものとか、どうですか。

保坂：少しなら大丈夫です。

金　：ビビンバは。

保坂：いいですね。日本でも石焼きビビンバは大人気です。

金　：そうですか。では石焼きビビンバにしましょうか。

保坂：でも、冷めんもいいな。

金　：では、明日は冷めんにしましょう。

保坂：そうしましょう。

単語

はじめて　処음	辛い　からい　맵다	少しなら　すこしなら　조금이라면
大丈夫だ　だいじょうぶだ　괜찮다	石焼きビビンバ　いしやきビビンバ　돌솥비빔밥	
大人気　だいにんき　인기가 많음	冷めん　れいめん　냉면	

 6-2　洪과 小松, 山田가 싸고 맛있는 포장마차 음식에 도전합니다.

小松 ：すごい！人がいっぱいです。

山田 ：明洞はとてもにぎやかな街ですね。

洪 　：はい。元気な若者がたくさんいます。

小松 ：屋台もありますね。

洪 　：おいしい食べ物がいっぱいあります。

山田 ：このホットドッグ、ふしぎなかたちですね。

洪 　：味はいいんですよ。一つ食べましょうか。

小松 ：あ、本当においしいです。

単語

すごい　대단하다	人　ひと　사람	いっぱい　가득
とても　아주	にぎやかだ　화려하다	街　まち　동네
元気だ　げんきだ　기운이 넘다	若者　わかもの　젊은이	たくさん　많이
屋台　やたい　포장마차	食べ物　たべもの　음식	ホットドッグ　핫도그
ふしぎだ　신기하다	かたち　모양	本当に　ほんとうに　정말로

　高橋가 옷가게에서 모자를 써보고 있습니다.

高橋 ：あ、あのジャケット、かっこいい！

朴 ：あれは今、はやりのスタイルです。

高橋 ：へえ、なかなかおしゃれですね。

朴 ：はい。人気ドラマの主人公のものと同じです。

高橋 ：なるほど。

朴 ：あのぼうしと運動ぐつも、若者に人気です。

　　　　　　＊＊＊ぼうしをかぶる＊＊＊

高橋 ：どうですか。

朴 ：高橋さんに、ぴったりです。

高橋 ：ありがとう。

●単●語

ジャケット　자켓	かっこいい　멋있다	はやり　유행
スタイル　스타일	なかなか　꽤	おしゃれだ　멋쟁이다
ドラマ　드라마	主人公　しゅじんこう　주인공	もの　것
同じ　おなじ　같음	ぼうし　모자	運動ぐつ　うんどうぐつ　운동화
かぶる　(모자 따위를) 쓰다	ぴったり　딱 맞음	

① な形容詞

5과에서는 い형용사에 대해서 배웠습니다. 이번에는 な형용사에 대하여 공부합시다.

きれいな彼女	아름다운 그녀
彼女はきれいだ。	그녀는 아름답다.
彼女はきれいです。	그녀는 아름답습니다.
にぎやかな街	번화한 동네
街はにぎやかだ。	번화하다.
街はにぎやかです。	번화합니다.
しずかな部屋	조용한 방
この部屋はしずかだ。	이 방은 조용하다.
この部屋はしずかです。	이 방은 조용합니다.
あのビルはりっぱですね。	저 빌딩은 훌륭하네요
あれはりっぱなビルですね。	저것은 훌륭한 빌딩이네요

② ～ましょう

「ましょう」는 정중형 「ます」의 권유표현입니다.

朝早く起きましょう。	아침 일찍 일어납시다.
毎日新聞を読みましょう。	매일 신문을 읽읍시다.

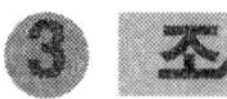

③ 조사

「とか」

'~(이)라든가, ~(이)라든지'의 의미를 나타내는 조사입니다. 무엇인가 한 가지로 확정하지 않고 다른 선택의 여지를 두고자 할 때 쓰입니다.

アニメとか、好きですか。	애니메이션이라든가 좋아하세요?
ドラマとか、見ますか。	드라마라든지 (그런 거) 보세요?

「なら」

'~(이)라면'라는 뜻으로 조건, 가정을 나타냅니다.

ビビンバなら食べます。	비빔밥이라면 먹습니다.
一杯なら大丈夫です。	한 잔이라면 괜찮습니다.

연습
연습문제 풀어보기

 **1.** 다음을 보기와 같이 고치세요.

> 보기　あのビルはりっぱです。　➡　りっぱなビルです。

❶ この部屋はすてきです。

➡ ____。

❷ あの人は親切です。

➡ ____。

❸ この公園は有名です。

➡ ____。

❹ あの歌手はハンサムです。

➡ ____。

❺ あの方はきれいです。

➡ ____。

❻ このくつは丈夫です。

➡ ____。

❶ _______________________________。 / _______________________________。

❷ _______________________________。 / _______________________________。

❸ _______________________________。 / _______________________________。

❹ _______________________________。 / _______________________________。

❺ _______________________________。 / _______________________________。

❻ _______________________________。 / _______________________________。

 **3.** 다음 그림을 보고 보기와 같이 만드세요.

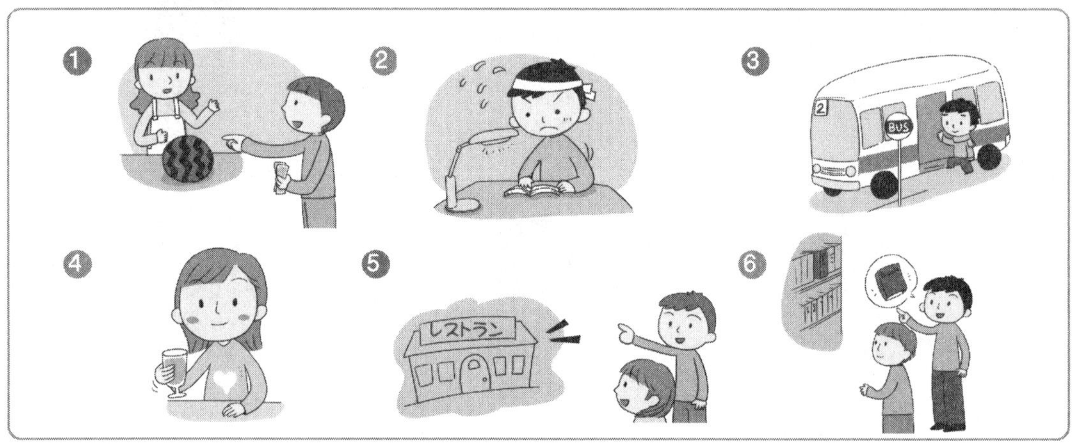

1 ____ 。

2 ____ 。

3 ____ 。

4 ____ 。

5 ____ 。

6 ____ 。

✏️ **4. 다음을 일본어로 고치세요.**

❶ 중국은 처음입니까?

➡ ____ 。

❷ 핫도그로 할까요?

➡ ____ 。

❸ 저 운동화도 젊은이에게 인기가 있습니다.

➡ ____ 。

❹ 매운 거라든지 어떠세요?

➡ ____ 。

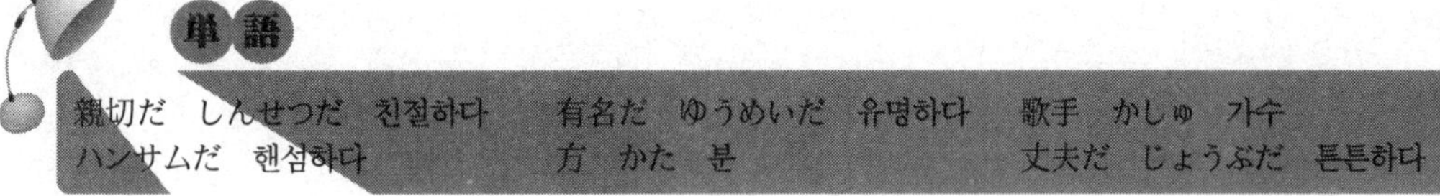

乗り物

スクーター
스쿠터

自転車　じてんしゃ
자전거

バイク
오토바이

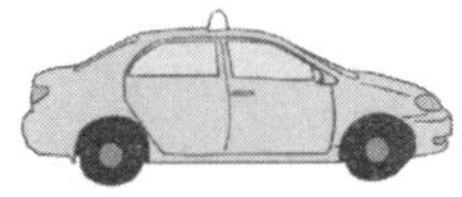

タクシー
택시

バス
버스

自動車　じどうしゃ
자동차

船　ふね
배

飛行機　ひこうき
비행기

トラック
트럭

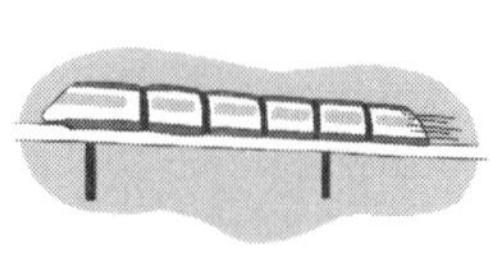

モノレール
모노레일

ロープウェー
로프웨이

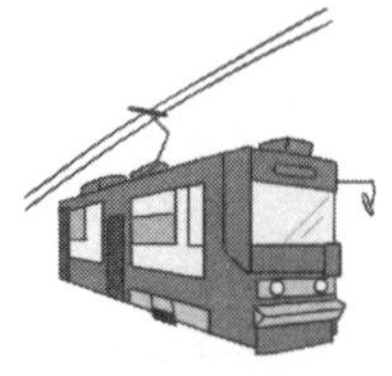

路面電車　ろめんでんしゃ
노면전철

メモ

7

休日
きゅうじつ

顔が黒くなりましたね。

日曜は何をしましたか。

パソコンを買いに行きました。

馬場：こんにちは。顔が黒くなりましたね。

田中：ええ、週末に海に行きました。

馬場：海ですか。だれと行きましたか。

田中：友達のバーバラさんといっしょでした。

馬場：泳ぎましたか。

田中：いいえ、泳ぎませんでした。海辺を歩きました。

　　　馬場さんは、週末どこかへ行きましたか。

馬場：いいえ、どこへも行きませんでした。

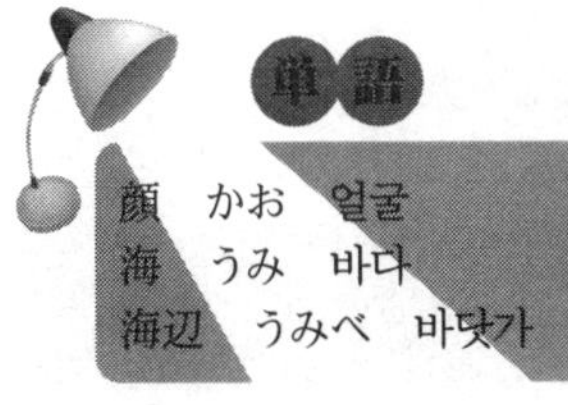

顔	かお	얼굴	黒い　くろい　까맣다	週末　しゅうまつ　주말
海	うみ	바다	だれ　누구	泳ぐ　およぐ　헤엄치다
海辺	うみべ	바닷가	歩く　あるく　걷다	

 姜과 戸田가 일요일에 있었던 일을 얘기하고 있습니다.

姜 ： 日曜は何をしましたか。

戸田 ： 映画を見に行きました。

姜 ： 一人で行きましたか。

戸田 ： いいえ、友達といっしょに行きました。姜さんは。

姜 ： パソコンを買いに行きました。

戸田 ： パソコン? 高くなかったですか。

姜 ： ちょうどセールで、安かったです。

戸田 ： ノートパソコンですか、デスクトップですか。

姜 ： デスクトップです。

一人で ひとりで 혼자서　　　パソコン 컴퓨터　　　セール 세일
ノートパソコン 노트북　　　デスクトップ 데스크탑

ジョン　　　：先生、お久しぶりです。

松本先生　：ジョンさん、何かいいことでもありましたか。

ジョン　　　：はい。試験でいい成績をとりました。

松本先生　：何の試験ですか。

ジョン　　　：日本語能力試験です。

松本先生　：そういえば、試験がありましたね。

ジョン　　　：はい。クラス全員がうけました。

松本先生　：試験は難しかったですか。

ジョン　　　：いいえ、それほど難しくありませんでした。

　　　　　　　先生のおかげです。

お久しぶり　おひさしぶり　오랜만	こと　일		試験　しけん　시험	
成績　せいせき　성적	とる　(성적을) 따다		能力　のうりょく　능력	
そういえば　그러고보니	クラス　반		全員　ぜんいん　전원	
うける　(시험을) 치다	難しい　むずかしい　어렵다　それほど　그다지			
おかげ　덕분				

① ~ました

동사의 과거표현은 과거를 나타내는 「た」를 붙여서 만듭니다. 「ます」형의 과거는 「ました」입니다. 여기에 의문의 종조사 「か」를 붙이면 과거의문문이 됩니다. 또 부정 과거는 「ませんでした」이고 여기에 「か」를 붙이면 부정과거의문문이 됩니다.

映画館に行きました。	영화관에 갔습니다.
どの映画館に行きましたか。	어느 영화관에 갔습니까?
海には行きませんでした。	바다에는 가지 않았습니다.
山にも行きませんでしたか。	산에도 가지 않았습니까?

② ~でした

명사 술어문의 과거표현은 「です」에 과거를 나타내는 「た」가 접속된 형태 「でした」로 나타냅니다.

昨日は試験でした。	어제는 시험이었습니다.
週末はくもりでした。	주말에는 흐렸습니다.

③ ~かつたです / ~くありませんでした(=~くなかつたです)

い형용사의 보통체 과거표현은 어미 「い」를 탈락시키고 「かった」를 붙여서 만듭니다. 여기에 「です」가 결합하면 정중형 과거표현이 됩니다. 부정형의 보통체 과거는 「~くない」의 「い」를 탈락시키고 「かった」를 붙여 만듭니다. 여기에 「です」를 붙이면 정중형 과거 부정표현이 됩니다. 「~くありませんでした」도 정중형 과거 부정표현입니다.

青い。	파랗다.	青いです。	파랗습니다.
青かった。	파랬다.	青かったです。	파랬습니다.
青くなかった。	파랗지 않았다.	青くなかったです。	파랗지 않았습니다.
		青くありませんでした。	

| 映画はおもしろかったです。 | 영화는 재미있었습니다. |
| 週末は楽しかったです。 | 주말에는 즐거웠습니다. |

| パソコンは高くなかったです。 | 컴퓨터는 비싸지 않았습니다. |
| 高くありませんでした。 | |

④ ～に行く

‘～하러 가다’라는 표현으로 동사의 「ます」형에 목적을 나타내는 조사 「に」를 붙여서 다양한 표현을 만듭니다.

| 泳ぎに行きました。 | 수영하러 갔습니다. |
| プリンターを買いに行きました。 | 프린터를 사러 갔습니다. |

⑤ ～くなりました

い형용사의 어미를 「く」로 바꾼 후 ‘되다’의 의미를 갖는 「なる」를 연결시키면 ‘～가 되다, ～어(아)지다’라는 의미를 나타내게 됩니다.

| 大きくなります。 | 커집니다. |
| 空が明るくなりました。 | 하늘이 밝아졌습니다. |

| 山 やま 산 | くもり 흐림 | おもしろい 재미있다 |
| 楽しい たのしい 즐겁다 | プリンター 프린터 | 明るい あかるい 밝다 |

1. 다음 그림을 보고 보기와 같이 만드세요.

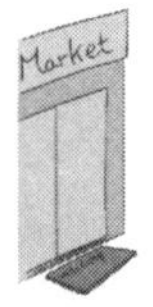

> スーパーに行きました。 / スーパーに行きませんでした。

① _______________________。 / _______________________。

② _______________________。 / _______________________。

③ _______________________。 / _______________________。

④ _______________________。 / _______________________。

⑤ _______________________。 / _______________________。

⑥ _______________________。 / _______________________。

2. 다음 그림을 보고 보기와 같이 い형용사의 과거표현과 과거부정표현을 만드세요.

① ________________________________。
________________________________。
________________________________。

② ________________________________。
________________________________。
________________________________。

③ ________________________________。
________________________________。
________________________________。

④ ________________________________。
________________________________。
________________________________。

⑤ ________________________________。
________________________________。
________________________________。

⑥ ________________________________。
________________________________。
________________________________。

3. 주어진 い형용사를 이용하여 보기와 같은 문장을 만드세요.

> 보기
>
> | 子供が大きいです。 ➡ 子供が大きくなりました。 |
> | --- |

① 空が赤いです。　➡ ________________________________。

② 部屋が寒いです。　➡ ________________________________。

③ 家が広いです。　➡ ________________________________。

④ 子供が明るいです。　➡ ________________________________。

⑤ 鉛筆か短いです。　➡ ________________________________。

⑥ ケーキが甘いです。　➡ ________________________________。

4. 다음을 일본어로 고치세요.

① 컴퓨터를 사러 갔습니다.

➡ ________________________________。

② 좋은 성적을 받았습니다.

➡ ________________________________。

❸ 세일이라서 싸졌습니다.

➡ ____。

❹ 새 집은 넓지 않았습니다.

➡ ____。

| 子供 | こども | 아이 | 鉛筆 | えんぴつ | 연필 | 短い | みじかい | 짧다 |
| 甘い | あまい | 달다 |

日本の食べ物

シャブシャブ
샤브샤브

ぎゅうどん
불고기덮밥

餃子
ぎょうざ
만두

焼きそば
やきそば
일본식 볶음면

てんぷら
튀김

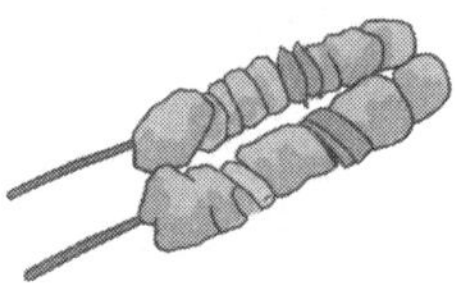

やきとり
닭꼬치

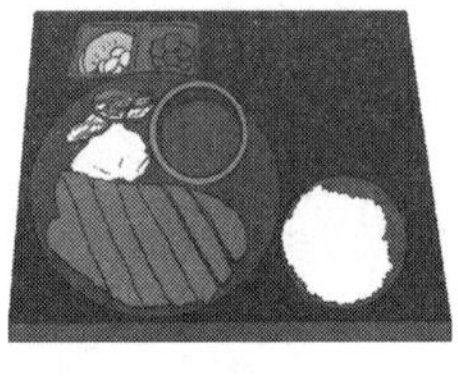

トンカツ
일본돈까스

にぎりずし
초밥

メモ

8 暮らし

新しくオープンした店です。

どんなゴミを出す日ですか。

出さない方がいいです。

山田 ： 宋さん、仕事は終わりましたか。

宋 ： いいえ、まだです。お先にどうぞ。

山田 ： 宋さんがいない飲み会はおもしろくないから待ちます。

宋 ： でも、あと20分ぐらいかかりますよ。

山田 ： 大丈夫です。

宋 ： わかりました。今日の飲み会はどこですか。

山田 ： 駅前のカクテルバーです。

宋 ： 知らない店ですね。

山田 ： 新しくオープンした店です。

単語		
仕事　しごと　일	まだ　아직	お先に　おさきに　먼저
飲み会　のみかい　술자리	待つ　まつ　기다리다	あと　後에, 뒤에, 앞으로
わかる　알다. 이해하다	駅前　えきまえ　역 앞	カクテルバー　칵테일 바
知る　しる　알다	店　みせ　가게	オープン　오픈

大家 　：ヘレンさん、明日はゴミの日ですよ。

ヘレン：どんなゴミを出す日ですか。

大家 　：着ない服、読まない新聞、使わないダンボール、ビンなどです。

ヘレン：牛乳やジュースの紙パックはどうですか。

大家 　：それも大丈夫です。

ヘレン：雨の日はどうしますか。

大家 　：出さない方がいいです。

単語

ゴミ 쓰레기	日 ひ 날	出す だす 내다, 내놓다
着る きる 입다	服 ふく 옷	など 등
使う つかう 쓰다	ダンボール 종이상자	ビン 병
牛乳 ぎゅうにゅう 우유	紙 かみ 종이	パック 팩
雨 あめ 비		

先生 ： ピクニックに行く人は何人ですか。

吉村 ： 女子学生6人と、男子学生7人で13人です。

先生 ： 車で来る人もいますか。

吉村 ： 原さんたち4人は車で来ます。

先生 ： 行かない人は、だれですか。

吉村 ： 4年生はテストがあるので、行きません。

先生 ： そうですか。仕方がないですね。

単語

ピクニック　소풍　　　　　　　何人　なんにん　몇 명　　女子学生　じょしがくせい　여학생
男子学生　だんしがくせい　남학생　　仕方がない　しかたがない　어쩔 수 없다

① 동사의 부정형

동사기본형의 부정형은 1단동사는 「る」를 탈락시키고 「ない」를 접속시킵니다. 5단동사는 어미를 「ア」단으로 바꾼 후 「ない」를 접속하여 만듭니다.

1단동사	食べる	→	たべない
	起きる	→	おきない
5단동사	読む	→	よまない
	出す	→	ださない
	帰る	→	かえらない
불규칙동사	来る	→	こない
	する	→	しない

② 동사가 명사를 수식하는 표현

동사는 술어로 쓰일 뿐만 아니라 명사를 수식하는 기능을 갖습니다. 명사를 수식할 때는 기본형이 그대로 쓰이고, 부정의 형태나 과거 형태로도 수식할 수 있습니다.

今日はゴミを出す日です。　　오늘은 쓰레기를 내 놓는 날입니다.
ゴミを出さない日もあります。　　쓰레기를 내 놓지 않는 날도 있습니다.

学校へ行く日です。　　학교에 가는 날입니다.
学校へ行かない日もあります。　　학교에 가지 않는 날도 있습니다.

❸ ～ない方がいい

동사 부정형에 「方がいい」가 붙어서 '～하지 않는 편이 좋다, ～하지 않는 것이 좋다'라는 표현을 만듭니다.

言わない方がいいです。	말하지 않는 편이 좋습니다.
行かない方がいいです。	가지 않는 편이 좋습니다.

❹ 仕方がない

'하는 법'이라는 뜻을 갖고 있는 「仕方」에 「～がない」가 접속하여 관용적으로 '～할 도리가 없다, ～할 수가 없다, ～하는 수 없다'라는 의미로 쓰입니다. 비슷한 말로 「しようがない」가 있습니다.

それは仕方がないですね。	그건 어쩔 수 없네요
仕方(が)ないことです。	어쩔 도리가 없는 일입니다.
しようがないです。	할 수 없습니다.

❺ 조사

「よ」

「よ」는 문장 끝에 오는 종조사로 화자가 청자에 비하여 많은 정보를 갖고 있다고 생각될 때 쓰입니다. 그래서 때로는 화자의 주장을 표현할 때 쓰인다고 설명되기도 합니다.

すぐ暖かくなりますよ。	곧 따뜻해집니다(질 겁니다).
授業に遅れますよ。	수업에 늦겠어요

「から」

「から」는 이유를 나타내는 접속조사이다.

すぐ行きますから、いっしょに食べましょう。　금방 갈 테니 같이 먹읍시다.

あぶないですから、お下りください。　위험하니까 물러나주세요.

単語

遅れる　おくれる　늦다　　　すぐ　금방　　　　　あぶない　위험하다
お下りください　おさがりください　물러나 주세요

연습
연습문제 풀어보기

✏️ **1.** 다음을 적당한 명사를 사용하여 보기와 같이 고치세요.

📝 **보기** | 行く ➡ <u>行かない / 行かない日</u> |

① 読む ➡ _________________ / _________________ 。

② 出す ➡ _________________ / _________________ 。

③ 遊ぶ ➡ _________________ / _________________ 。

④ 飲む ➡ _________________ / _________________ 。

⑤ 待つ ➡ _________________ / _________________ 。

⑥ 起きる ➡ _________________ / _________________ 。

⑦ 来る ➡ _________________ / _________________ 。

⑧ 運動する ➡ _________________ / _________________ 。

1. ___________________________ / ___________________________

2. ___________________________ / ___________________________

3. ___________________________ / ___________________________

4. ___________________________ / ___________________________

5. ___________________________ / ___________________________

6. ___________________________ / ___________________________

 **3.** 다음을 보기와 같이 만드세요.

 보기

> お酒を飲む ➡ <u>お酒を飲まない方がいいです。</u>

❶ 肉は食べる。

➡ ____ 。

❷ いっしょに使う。

➡ ____ 。

❸ 毎日テストをする。

➡ ____ 。

❹ あまり早く来る。

➡ ____ 。

❺ タバコをすう。

➡ ____ 。

❻ あぶないところに行く。

➡ ____ 。

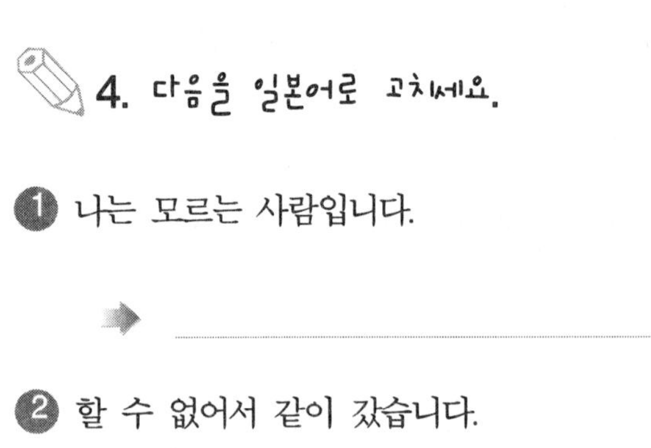

4. 다음을 일본어로 고치세요.

❶ 나는 모르는 사람입니다.

➡ _______________________________________ 。

❷ 할 수 없어서 같이 갔습니다.

➡ _______________________________________ 。

❸ 종이팩은 내 놓지 않는 편이 좋습니다.

➡ _______________________________________ 。

❹ 차로 오는 사람은 누구입니까?

➡ _______________________________________ 。

お酒　おさけ　술	肉　にく　고기, 육류	早く　はやく　빨리
タバコ　담배	すう　(담배를) 피우다	ところ　곳, 장소

スポーツ

バレーボール
배구

ドッジボール
피구

ボクシング
복싱

柔道
じゅうどう
유도

リレー
계주

アーチェリー
양궁

ウインドサーフィン
윈드서핑

スキューバダイビング
스쿠버다이빙

9 趣味

ねぼうして授業に遅れました。

二人はわかれてしまいました。

走ったり、歩いたりします。

李　　：昨日の夜、サッカーの試合を見に行ったんですか。

佐藤：はい、とてもおもしろくて、楽しい試合でしたよ。

李　　：帰りは遅かったんでしょう。

佐藤：ええ、友達とビールを飲んで、12時過ぎに帰りました。

　　　　それでねぼうして授業に遅れました。

李　　：レポートは書きましたか。

佐藤：まだです。

李　　：期限は今日までですよ。

佐藤：午後、いっしょうけんめいやります。

単　語

サッカー　축구	試合　しあい　시합	帰り　かえり　귀가
～過ぎに　～すぎに　～지나서, 넘어서	ねぼうする　늦잠을 자다	レポート　보고서
期限　きげん　기한	午後　ごご　오후	いっしょうけんめい　열심히
やる　하다		

井上　：昨日のドラマ見ましたか。

尹　　：いいえ、見ませんでした。どうなりましたか。

井上　：結局二人はわかれてしまいました。

　　　　泣いたり、わめいたりたいへんでした。

尹　　：それはかわいそうでしたね。

井上　：私も似た経験があります。

尹　　：本当ですか。

井上　：高二の時に片思いの先輩がいて、告白しました。

尹　　：それでどうなりましたか。

井上　：ふられました。とてもつらかったです。

結局　けっきょく　결국	二人　ふたり　두 사람	わかれる　헤어지다
泣く　なく　울다	わめく　큰소리로 외치다	たいへんだ　큰일이다
かわいそうだ　불쌍하다	似る　にる　닮다	経験　けいけん　경험
時　とき　때	片思い　かたおもい　짝사랑	先輩　せんぱい　선배
告白する　こくはくする　고백하다	ふられる　차이다	つらい　힘들다

小野：昼休みはどこにいましたか。

坂本：グラウンドでジョギングしました。

小野：寒いのに、走ったんですか。

坂本：私はよく外で走ったり、歩いたりしますよ。

　　　すぐ汗が出て、暖かくなります。

小野：私は寒い日に、運動したことが一度もありません。

　　　やっぱり暖かいこの部屋がいいな。

坂本：そう言わないで、外で運動しましょう。

小野：いや、えんりょしておきます。

単語

グラウンド 運動場	走る はしる 달리다	歩く あるく 걷다
汗 あせ 땀	出る でる 나가다, 나오다	一度 いちど 한 번
やっぱり 역시	言う いう 말하다	えんりょする 삼가다
おく 두다		

1 음편

　5단동사는「て」형이나「た」형,「たり」형을 만들 때 '음편(音便)'이라는 현상이 일어납니다. 단「す」로 끝나는 5단동사는 음편현상이 없습니다.

① 어미가「う・つ・る」로 끝나는 동사 :「って」촉음편(促音便)

　　言う → いって　　待つ → まって　　　乗る → のって

② 어미가「む・ぶ・ぬ」로 끝나는 동사 :「んで」발음편(撥音便)

　　飲む → のんで　　遊ぶ → あそんで　　死ぬ → しんで

③ 어미가「く・ぐ」로 끝나는 동사 :「いて・いで」イ음편(イ音便)

　　聞く → きいて　　泳ぐ → およいで　　*예외 : 行く → いって

2 1단동사와 불규칙동사의「て・た・たり」형

　1단동사는 어간에「て・た・たり」를 그대로 연결하면 됩니다.

　　見る　　　　→　みて・みた・みたり
　　起きる　　　→　おきて・おきた・おきたり
　　寝る　　　　→　ねて・ねた・ねたり
　　食べる　　　→　たべて・たべた・たべたり

불규칙동사는 다음과 같습니다.

　　来る　　　　→　きて・きた・きたり
　　する　　　　→　して・した・したり

❸　〜てしまう

'〜해 버리다'라는 뜻으로 어떠한 일이 완결되었음을 나타냅니다.

レポートを書いてしまいました。	리포트를 써 버렸습니다.
ドラマを見てしまいました。	드라마를 봐 버렸습니다.
全部飲んでしまいました。	전부 마셔 버렸습니다.

❹　〜てから

동사의 「て」형에 조사 「から」가 붙어서 '〜하고 나서'라는 시간적인 전후관계를 나타
내는 표현을 만듭니다.

試合を見てから帰ります。	시합을 보고나서 돌아갑니다.
宿題をしてから遊びます。	숙제를 하고나서 놉니다.
歌ってから座ります。	노래를 부르고나서 앉습니다.

❺　〜たり〜たり

동사의 「て」형에 붙어서 '〜하기고 하고 〜하기도 하고'라는 표현을 만듭니다.

テニスをしたり、サッカーをしたりします。	테니스를 하거나 축구를 하거나 합니다.
一人で泣いたり、笑ったりします。	혼자서 웃었다 울었다 합니다.
行ったり、来たりしましょう。	왔다 갔다 합시다(왕래합시다).

동사의 부정형에 「で」가 접속한 형태로 '~하지 않고, ~하지 말고'라는 의미입니다.

そう言わないで、いっしょに出かけましょう。　　그렇게 말하지 말고 함께 외출합시다.
バスに乗らないで、タクシーに乗ります。　　　버스를 타지 않고 택시를 탑니다.
音楽を聞かないで、勉強します。　　　　　　음악을 듣지 않고 공부합니다.

동사의 「て」형에 보조동사 「おく」가 붙어서 '~해 두다'라는 표현을 만듭니다.

試合を見ておきます。　　시합을 봐둡니다.
復習しておきます。　　　복습해둡니다.
考えておきます。　　　　생각해둡니다.

い형용사의 중지형(中止形)은 어미 「い」를 없애고 「~くて」형을 붙여서 만듭니다. な 형용사는 어간에 「で」를 접속하여 중지형을 만듭니다.

甘くて、おいしかった。　　　　　　달고 맛있었다.
つらくて、泣きました。　　　　　　괴로워서 울었습니다.
あの公園はしずかで、きれいです。　그 공원은 조용하고 깨끗합니다.
このカメラは丈夫で、便利です。　　이 카메라는 튼튼하고 편리합니다.

「～したことがある/ない（～한 적이 있다/없다）」는 경험을 나타낼 때 쓰는 표현 중 하나입니다.

イタリア語を勉強したことがあります。	이태리어를 공부한 적이 있습니다.
料理を作ったことがありません。	요리를 만든 적이 없습니다.
北海道へ行ったことがありません。	북해도에 간 적이 없습니다.

単 語

死ぬ　しぬ　죽다	聞く　きく　듣다	会う　あう　만나다
宿題　しゅくだい　숙제	座る　すわる　앉다	一人　ひとり　혼자
笑う　わらう　웃다	音楽　おんがく　음악	復習　ふくしゅう　복습
考える　かんがえる　생각하다	便利だ　べんりだ　편리하다	料理　りょうり　요리
作る　つくる　만들다	北海道　ほっかいどう　북해도	

연습

연습문제 풀어보기

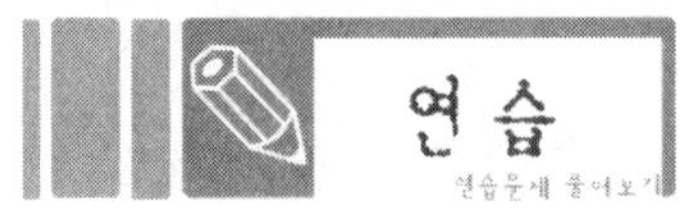

1. 다음 그림을 보고 보기와 같이 만드세요.

보기 友達と話す / はなして / はなした / はなしたり

❶

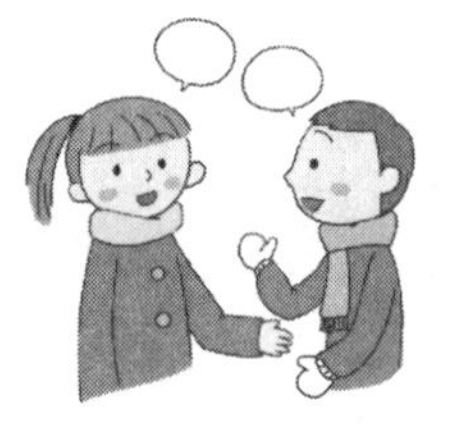

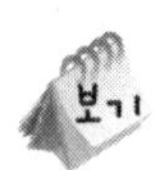

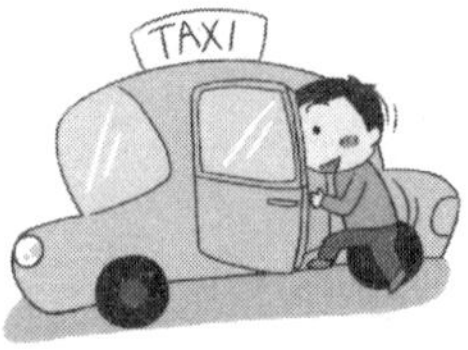

❷

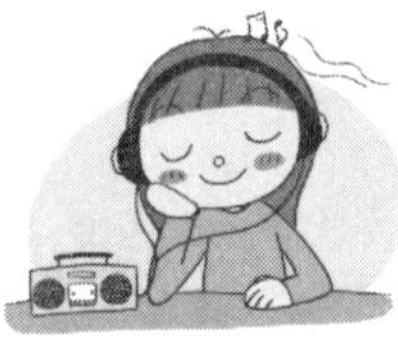

❸

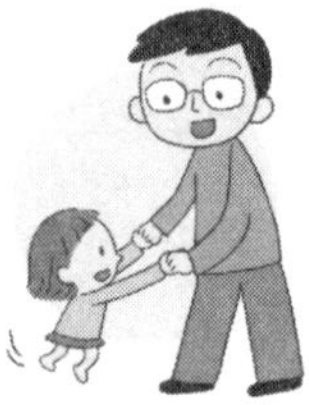

❹

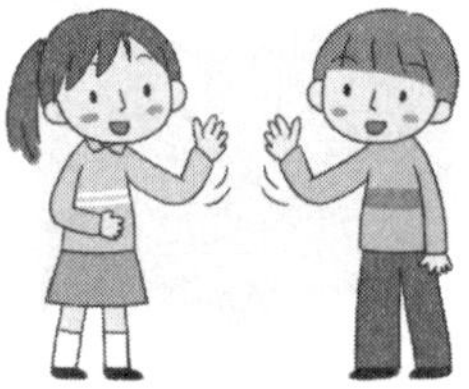

❺

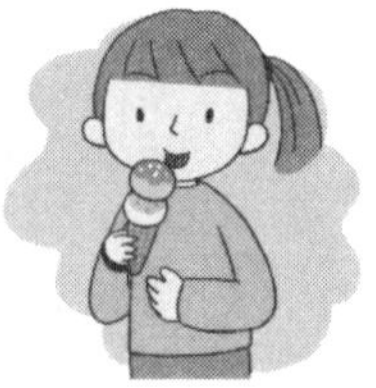

❻

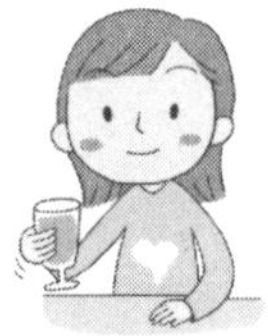

❼

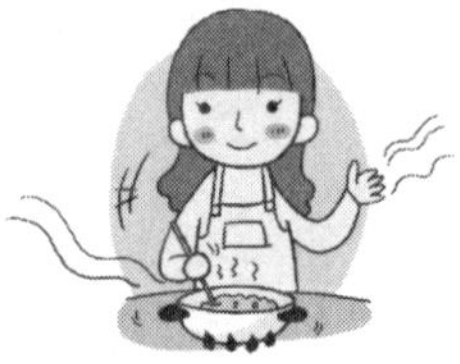

❽

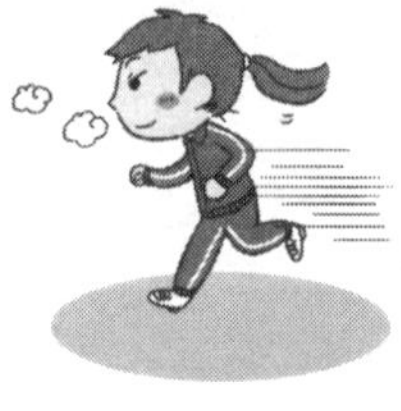

❾

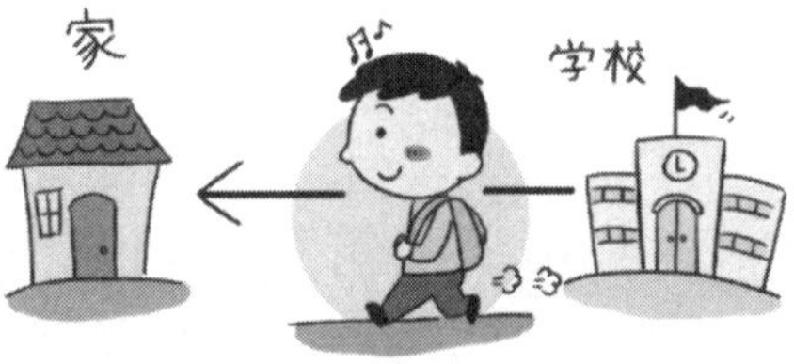

❿

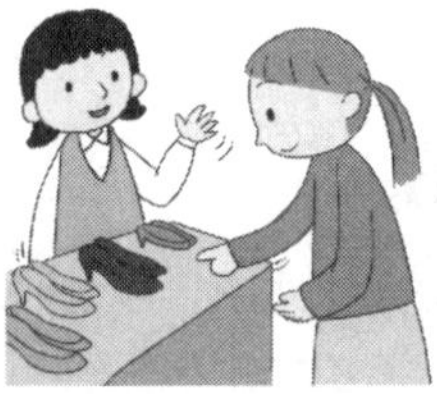

보기

このかばんは黒くて、大きいです。

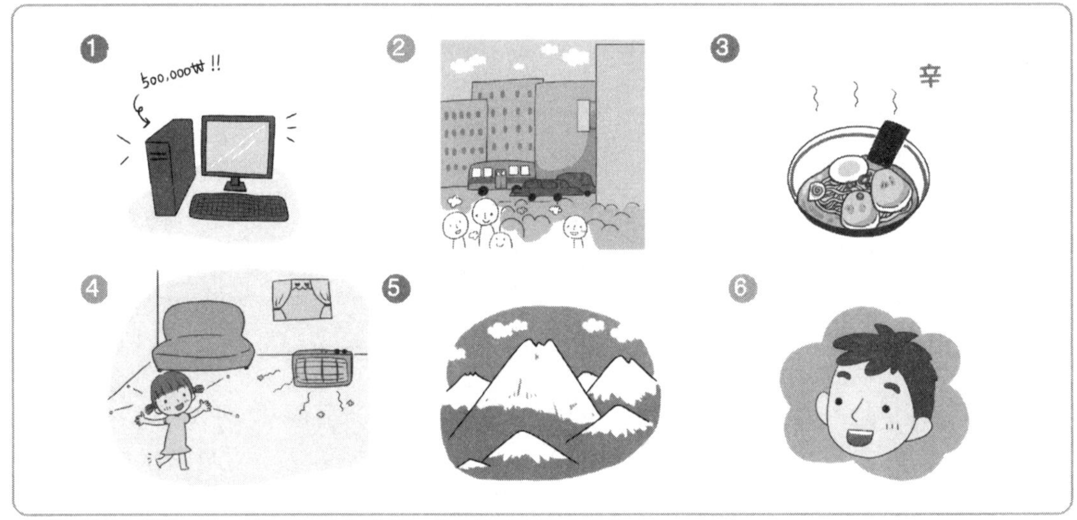

❶ ____ 、便利です 。

❷ ____ 、きれいです 。

❸ ____ 、おいしいです 。

❹ ____ 、広いです 。

❺ ____ 、有名です 。

❻ ____ 、親切です 。

3. 다음 그림을 보고 보기와 같이 만드세요.

① ____ 。

② ____ 。

③ ____ 。

④ ____ 。

⑤ ____ 。

⑥ ____ 。

 다음을 일본어로 고치세요.

1 수업에 늦은 적이 있습니다.

➡ ____ 。

2 리포트를 써 둡니다.

➡ ____ 。

3 이 건물은 크고 넓습니다.

➡ ____ 。

4 일찍 돌아가 버렸습니다.

➡ ____ 。

にほん ちず
日本の地図

ほっかいどう
北海道
さっぽろ
札幌
あおもり
青森
あきた
秋田
せんだい
仙台
にいがた
新潟
ほんしゅう
本州
とうきょう
東京
よこはま
横浜
こうべ
神戸
きょうと
京都
ひろしま
広島
きたきゅうしゅう
北九州
ふくおか
福岡
なごや
名古屋
おおさか
大阪
四国
たかまつ
高松
きゅうしゅう
九州
かごしま
鹿児島
なは
那覇
おきなわ
沖縄

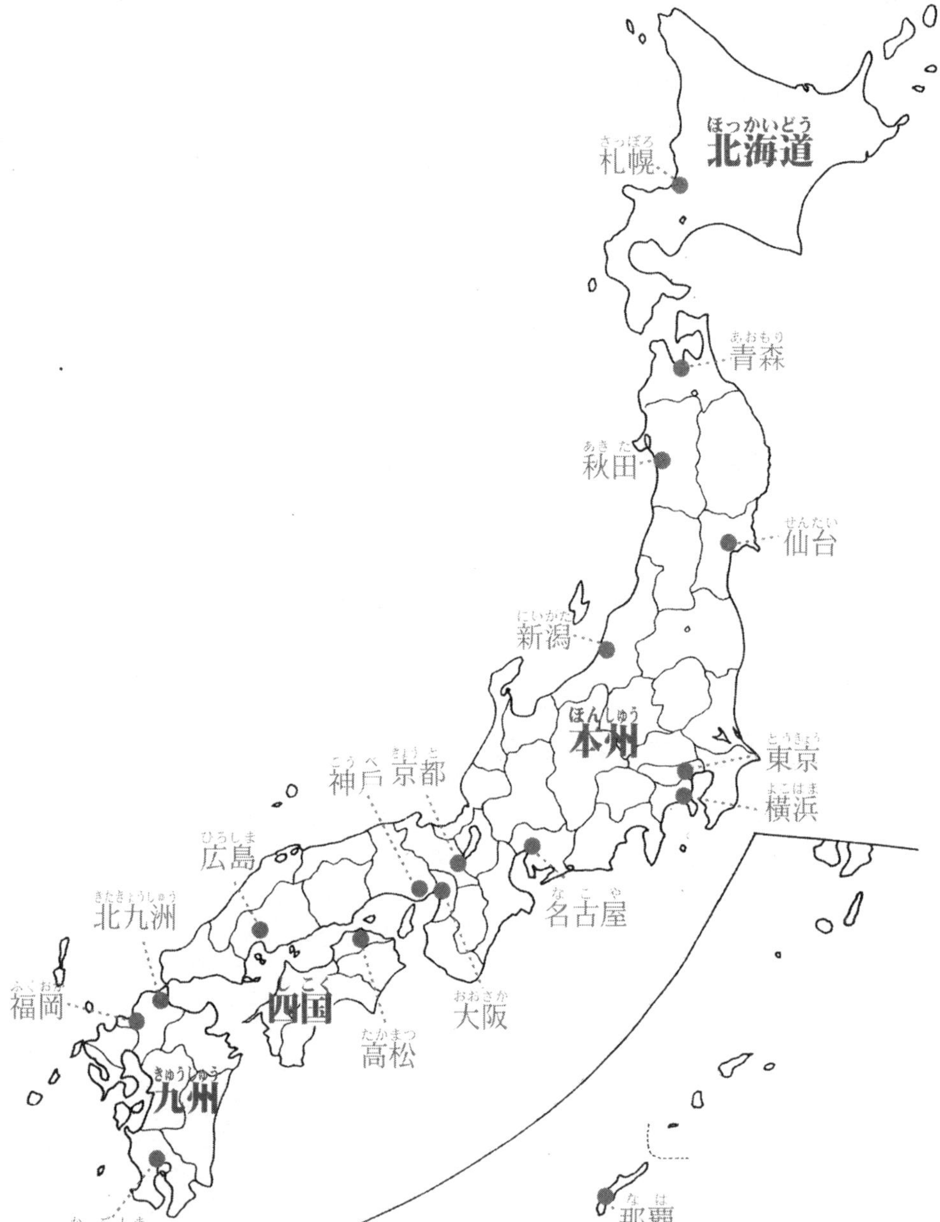

旅行

写真を撮っていただけますか。

ボタンを強く押してください。

何をしていますか。

観光客A ： すみません、写真を撮っていただけますか。

観光客B ： いいですよ。ボタンはこれですか。

観光客A ： はい。それを強く押してください。

観光客B ： こっちを見てください。はい、チーズ。

観光客A ： すみませんが、もう一枚お願いします。

観光客B ： わかりました。そのまま動かないでください。はい、チーズ。

観光客A ： どうもありがとうございます。

観光客B ： ちゃんと写っているといいですね。

観光客A ： 私も一枚撮ってあげましょうか。

観光客B ： じゃあ、お願いします。

単語

観光客　かんこうきゃく　관광객	写真　しゃしん　사진	撮る　とる　(사진을) 찍다
ボタン　버튼	強く　つよく　세게	押す　おす　누르다
もう　더	一枚　いちまい　한 장	そのまま　그대로
動く　うごく　움직이다	ちゃんと　제대로	写る　うつる　찍히다
あげる　주다		

観光客　：すみません。ここのお祭りはいつからですか。

旅行会社：今ちょうどやっています。来週までです。

観光客　：じゃあ、今晩、泊まるところはありますか。

旅行会社：一泊二食つき、お一人様七千円のお部屋が開いています。

　　　　　こちらでよろしいですか。

観光客　：はい。

旅行会社：何名様ですか。

観光客　：二人です。

旅行会社：かしこまりました。

　　　　　お支払いの方はどうしましょうか。

観光客　：カードでお願いします。

単語

お祭り　おまつり　축제	今晩　こんばん　오늘 밤		泊まる　とまる　숙박하다
一泊　いっぱく　1박	二食つき　にしょくつき　저녁·아침 식사포함		
開く　あく　비다	何名様　なんめいさま　몇 분		
かしこまりました　알겠습니다(겸양표현)		支払い　しはらい　지불	
カード　카드			

先生　：　坂本君はどこですか。

学生　：　部屋で着がえています。

先生　：　鈴木君は何をしていますか。

学生　：　洗面所で手を洗っています。

先生　：　もう出発の時間なのに。

学生　：　もうすぐ集まると思いますが。

先生　：　荷物の準備はできていますか。

学生　：　今、田中君が確認しています。

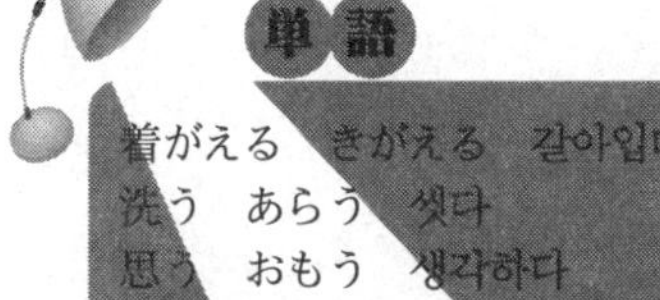

単語

着がえる　きがえる　갈아입다	洗面所　せんめんじょ　세면대	手　て　손
洗う　あらう　씻다	出発　しゅっぱつ　출발	集まる　あつまる　모이다
思う　おもう　생각하다	荷物　にもつ　짐	準備　じゅんび　준비
できる　가능하다, 되다	確認する　かくにんする　확인하다	

❶ ～ていただけますか

　동사의 「て」형에 「いただけますか(받을 수 있습니까)」가 붙어서 '～해 받을 수 있겠습니까', 즉 우리말로 '～해 주실 수 있겠습니까'라는 표현을 만듭니다.

撮っていただけますか。	찍어 주실 수 있습니까?
やっていただけますか。	해 주실 수 있습니까?
払っていただけますか。	지불해 주실 수 있습니까?

❷ ～てください / ～ないでください

　동사의 「て」형에 「ください」가 붙어서 '～해 주세요'라는 의미가 되며 상대방에게 의뢰하거나 명령할 때 쓰는 표현입니다. 「～ないでください」는 '～하지 말아 주세요'라는 금지의 명령을 나타내는 표현을 만듭니다.

しずかに話してください。	조용히 말하세요
そっと押してください。	살짝 눌러 주세요
きれいに洗ってください。	깨끗이 씻어 주세요
大きく話さないでください。	크게 말하지 마세요
強く押さないでください。	세게 누르지 마세요
そんなに笑わないでください。	그렇게 웃지 마세요

❸ **～てあげる**

　동사의 「て」형에 주는 행위를 나타내는 동사 「あげる」가 접속하여 '～해 주다'라는 표현을 만듭니다.

写真を撮ってあげましょうか。	사진을 찍어 드릴까요?
プレゼントを買ってあげます。	선물을 사 줍니다.
本を読んであげます。	책을 읽어 줍니다.

❹ **～ている**

　동사의 「て」형에 「いる」가 붙어서 결과 상태가 지속됨을 나타내거나 동작의 계속을 나타내는 표현입니다.

① 결과 상태의 지속

車が止まっています。	차가 서 있습니다.
ドアが開いています。	문이 열려 있습니다.
さいふが落ちています。	지갑이 떨어져 있습니다.

② 동작의 계속

友達と話しています。	친구와 이야기하고 있습니다.
グラウンドを走っています。	운동장을 달리고 있습니다.
手を洗っています。	손을 씻고 있습니다.

❺ **～と思う**

　인용을 나타내는 「と」에 동사 「思う」가 접속하여 '～(이)라고 생각하다'라는 표현을 만듭니다.

もうすぐ集まると思います。　　　곧 모일거라고 생각합니다.
まだ走っていると思います。　　　아직 달리고 있다고 생각합니다.
何もできないと思います。　　　　아무것도 못 할거라고 생각합니다.

❻　～といいですね

　동사의 종지형에 가정을 표현하는 「と」를 붙이고 「いいですね」를 접속하여 '～하면 좋겠네요'라는 표현을 만듭니다.

ちゃんと写っているといいですね。　잘 나오면(찍혀 있으면) 좋겠네요
合格するといいですね。　　　　　　합격하면 좋겠네요
早く着くといいですね。　　　　　　빨리 도착하면 좋겠네요

❼　～の方

　여기에서 '～の方'는 '～의 쪽이, 편이'로 번역할 수 있지만 우리말로는 특별히 번역을 하지 않는 것이 자연스럽습니다.

お支払の方はどうしましょうか。　　지불은 어떻게 할까요?
荷物の方はさきに送りましょうか。　짐은 먼저 보낼까요?
泊まるホテルの方は決まりましたか。　묵을 호텔은 정해졌습니까?

払う　はらう　지불하다	そっと　살짝	プレゼント　선물
止まる　とまる　멈추다	ドア　문	さいふ　지갑
落ちる　おちる　떨어지다	合格する　ごうかくする　합격하다	着く　つく　도착하다
送る　おくる　보내다. 부치다	決まる　きまる　결정되다	早く　はやく　빨리, 일찍

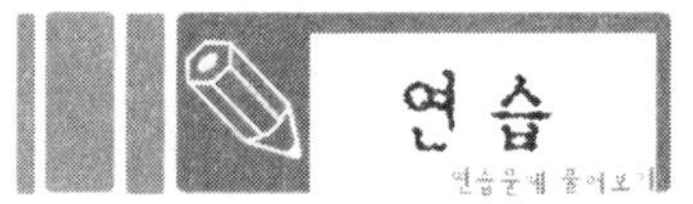

1. 다음 그림을 보고 보기와 같이 만드세요.

❶

。

。

❷

。

。

❸

。

。

❹

。

。

❺

。

。

❻

。

。

 **2.** 다음 그림을 보고 보기와 같이 만드세요.

辞書を　見ないでください。

① 写真を ____。

② まだ ____。

③ お酒を ____。

④ ここでは ____。

⑤ 二、三日は ____。

⑥ 授業に ____。

3. 다음 그림을 보고 보기와 같이 만들고, 결과 상태의 지속과 동작의 계속으로 분류해 보세요.

ご飯を食べています。　동작의 계속

①　　　　　　　　　　　　　　　　　　　　。

②　　　　　　　　　　　　　　　　　　　　。

③　　　　　　　　　　　　　　　　　　　　。

4 _______________________________________ ｡

5 _______________________________________ ｡

6 _______________________________________ ｡

7 _______________________________________ ｡

8 _______________________________________ ｡

4. 다음을 일본어로 고치세요.

1 저도 찍어 드릴까요?

➡ _______________________________________ ｡

2 곧 모두 모일 거라고 생각합니다.

➡ _______________________________________ ｡

3 그대로 움직이지 말아 주세요

➡ _______________________________________ ｡

4 지불은 어떻게 하시겠습니까?

➡ _______________________________________ ｡

メモ

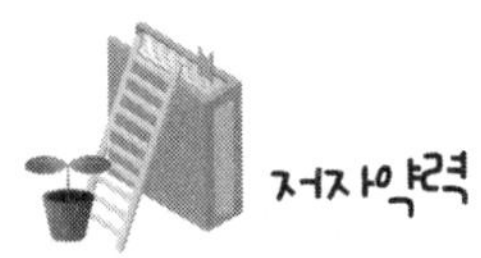

● 권승림 (權勝林)

- 한국외국어대학교 일본어과 졸업
- 일본 大阪大学 언어문화연구과 석사과정 졸업 : 언어학석사
- 일본 大阪大学 언어문화연구과 박사과정 졸업 : 언어학박사
- 현재 숭실대학교 일어일본학과 교수
- 전공 일본어학 : 현대일본어문법론

● 오미영 (吳美寧)

- 이화여자대학교 경영학과 졸업
- 일본 慶応義塾大学 일본어일본문화연수과정 수료
- 한국외국어대학교 일어일문학과 석사과정 졸업 : 문학석사
- 일본 北海道大学 문학연구과 박사과정 졸업 : 문학박사
- 현재 숭실대학교 일어일본학과 교수
- 전공 일본어학 : 일본어사 · 한일대조언어학

일본어회화 기초

초판인쇄　2016년 7월 1일
초판발행　2016년 7월 7일
저자　권승림 · 오미영
발행　제이앤씨
등록　제7-220호

(우) 01370
서울시 도봉구 우이천로353 성주빌딩 3층
TEL (02)992-3253
FAX (02)991-1285
e-mail, jncbook@daum.net
URL http://www.jncbms.co.kr

ISBN 979-11-5917-017-1 13730
정 가 11,000원